나 좀

칭찬해줄래?

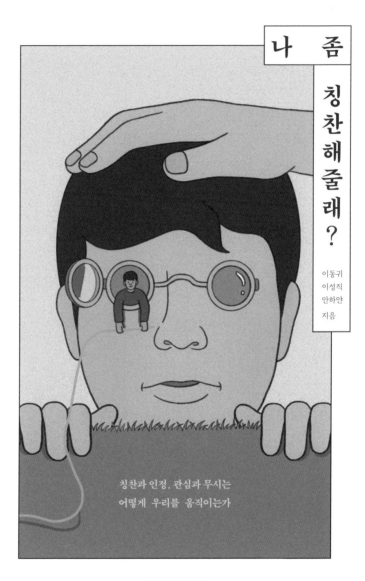

나 좀

칭찬해줄래?

이동귀
이성직
안하얀

지음

칭찬과 인정, 관심과 무시는
어떻게 우리를 움직이는가

타인의사유

사람 관계는 참 어렵습니다. 우리는 사람 때문에 울고, 또 사람 때문에 웃습니다. 그런데 가만히 돌이켜보면, 관계에서 생기는 갈등과 마음의 상처는 많은 경우, '제대로 인정받지 못하고 있다' 또는 '나를 무시한다'는 생각에서 비롯되곤 합니다.

열심히 노력했는데 제대로 인정받지 못하면
큰 좌절감이 찾아옵니다.
다른 사람이 내가 기여한 바를 낮게 평가하면
무시당하는 것 같아 화가 납니다.
칭찬받으려고 한 일은 아니었더라도
막상 인정받지 못하면 속상하고,
내 수고와 진심을 알아주지 않는 상대에게
서운해집니다.
머리로는 다른 사람의 칭찬이
그다지 중요하지 않다고 생각하면서도,
인정받기 위해 갖은 노력을 다하는 내 모습을
발견하기도 합니다.

일, 가족, 연애, 인간관계 등 내 삶을 둘러싼 모든 면이 이런 식으로 흘러갑니다. 그렇다면 우리는 왜 이렇게 칭찬과 인정에 목말라할까요? 칭찬과 인정은 우리에게 어떤 의미일까요? 사실 남들에게 인정받고 싶은 마음은 인간의 자연스러운 본성입니다. 사람은 본능적으로 자신의 생각이 적절한지 알고 싶어 하고, 자신이 능력 있는 사람이라는 것을 남에게 보여주고 싶어 하죠.

"100미터를 얼마나 빨리 달리는가?"와 같은 질문은 쉽게 답할 수 있습니다. 초시계로 측정하면 되니까요. 하지만 자신이 능력 있는 사람인지 혹은 자신의 생각이 적절한지를 알기 위해서는 다른 사람들의 평가를 고려하지 않을 수 없습니다. "다른 사람들이 나를 능력 있는 사람이라고 생각할까?", "내 의견이 괜찮다고 생각할까? 혹시 나를 이상한 사람으로 보는 것은 아닐까?"와 같은 질문에는 정답이 없습니다. 이때 칭찬을 받으면 내가 잘하고 있다는 확신을 가질 수 있습니다. 그래서 우리는 자꾸 다른 사람들이 나를 어떻게 생각할까에 대해 신경을 쓰게 되죠.

하지만 이런 인정 욕구가 지나칠 경우, 우리 삶은 여러모로 피곤하고 불편해집니다. 남들의 인정을 받고 싶은 마음이 내 삶의 우선순위로 등극하게 되고, 다른 사람이 나를 좋아하게 만드느라 잔뜩 긴장하게 됩니다. 심지어 이런 인정 욕구는 나도 모르는 사이에, 내가 의도하지 않는 형태로 우리의 삶에 영향을 끼칩니다. 마치 목적지를 모르는 기차에 몸을 싣고 달리는 것과 같습니다. 넋을 놓고 가다가 엉겁결에 목적지에 내려 낯선 풍경에 깜짝 놀라게 되는 것이죠.

그래서 이 책은 인정 욕구가 우리의 삶에 어떤 영향을 끼치는지를 다각도로 살펴보고, 이를 긍정적으로 활용하기 위한 심리학적 해법을 제공하고자 합니다. 먼저 1장에서 4장까지는 인정과 칭찬이 우리에게 중요한 이유가 무엇인지, 인정 욕구가 우리의 선택을 어떻게 바꾸어놓는지, 충분 혹은 불충분한 인정이 얼마나 인간관계와 밀접히 연결되어 있는지, 인정받고 싶은 마음이 우리의 자존감에 어떤 영향을 끼치는지 등을 깊이 있게 살펴보겠습니다.

그다음 5장에서 7장까지는 애착 이론을 활용해서 반복되는 관계 패턴을 분석하고, 가족, 연인, 친구 등 우리 주변 소중한 사람들과의 관계 속에서 인정 욕구가 어떻게 드러나는지를 다루었습니다.

마지막으로 8장에서 10장까지는 정상적인 인정 욕구의 범위와 수준을 이해하고, 인정 욕구를 긍정적으로 활용해서 행복으로 나아가기 위한 방법들을 제시했습니다.

이렇게 총 10개의 장으로 구성된 이 책은 상담 심리학자

세 명의 고민과 경험을 담은 결과물입니다.

인정 욕구에 대해 잘 이해하고 적절하게 대처할 수 있는 방법을 알면, 뜻하지 않게 서운해하거나 상처받는 일을 방지하고 자신이 바라는 삶의 방향으로 나아갈 수 있습니다. 그리고 있는 그대로의 내 모습과 친해질 수 있죠. 좋은 모습만 보여주려고 무던히 애쓰며 나를 숨기거나, 다른 사람의 시선을 의식하느라 긴장할 필요가 없습니다. 인정받고 싶은 내 마음을 이해하고, 관계를 윤택하게 해줄 새로운 방법을 연습하다 보면, 사람들 속에 있는 것이 훨씬 자유롭고 편안해질 거예요.

사람 관계가 제일 힘든 사람들, 직장 내에서 또 가까운 사람들과의 관계에서 자꾸 상처받는 사람들, 자존감이 낮아 고민인 사람들, 언제나 비슷한 문제가 패턴처럼 되풀이되는 사람들 모두에게 이 책이 도움이 될 거라 믿습니다.

부디 여러분 자신을 마음 편히 솔직하게 보여줄 수 있고, 무엇보다 여러분 스스로에게 더 친절한 모습이 되기를 응원합니다.

저자 일동

Contents

<table>
<tr><td>Chapter 3</td><td>너에게 공감해줄게,
근데 내 얘기부터 들어줘</td><td></td></tr>
</table>

<table>
<tr><td>Chapter 4</td><td>세상에서 가장 중요한 건
바로 내 기분이지</td></tr>
</table>

<table>
<tr><td>Chapter 5</td><td>다른 사람은 필요 없어,
오로지 너 하나만</td><td></td></tr>
</table>

Chapter 6	당신은 딱 거기까지, 이 선을 넘지 마세요

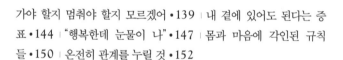

Chapter 7	최악의 내 모습, 어디까지 받아들일 수 있나요?

Chapter 8	인정받고 싶은 마음, 어디까지 정상인 걸까?

Chapter 9	내 마음의 빈자리를 채우는 연습

Chapter 10	다시 행복을 이야기하기 위해서

Chapter 1.

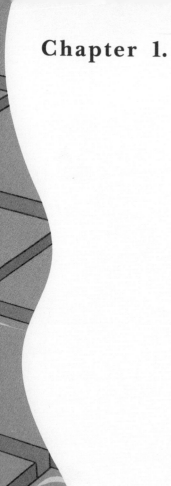

나의 행복은

어디쯤에
있을까?

우리는 언제 행복할까요? 어떤 이는 좋은 사람과 맛있는 음식을 함께 먹을 때 행복하다고 말합니다. 생존에 꼭 필요한 음식과 종의 존속을 위해 필요한 사랑의 대상이 만났으니, 진화론적으로 행복을 느끼기에 충분한 상황이죠. 또 다른 이는 행복한 사람 옆에 있으면 행복해진다고 합니다. 행복도 전염된다는 이야기입니다. 일반적으로 외향적인 사람이 내향적인 사람보다 더 자주 행복을 느낀다고 하는데, 이는 실제 힘든 일을 덜 겪기 때문이 아니라 어떤 일에서든 좋은 점을 더 빨리 그리고 자주 발견하기 때문이라고 합니다.

그렇다면 도대체 행복이란 뭘까요? 어떤 게 행복한 느낌일까요? 남들의 인정과 칭찬을 받는 게, 우리의 행복과 어떤 연관이 있다는 걸까요?

행복한 느낌이
뭐였더라?

심리학자 로버트 에먼스Robert Emmons와 에드 디너Ed Diener는 연구를 통해, 행복을 느끼기 위한 세 가지 조건은 삶에 대한 만족감, 긍정 정서를 자주 느끼는 것, 그리고 부정 정서를 적게 느끼는 것이라고 이야기한 바 있습니다.[1]

우리의 언어에는 흥미로운 점이 있습니다. 감정 표현을 위해 사용하는 형용사에 긍정 정서보다 부정 정서에 대한 표현이 훨씬 더 많다는 것이죠.[2] '언짢다, 짜증난다, 속상하다, 서럽다, 열받는다, 폭발하기 직전이다, 울화통 터진다' 등 사람들은 다양한 부정 정서를 아주 세분화해서 느낍니다. 게다가 사람들은 긍정적인 단어를 더 많이 사용했더라도 부정적인 단어에서 더 많은 정보를 포착해내는 경향성이 있습니다.[3]

그런 의미에서 '눈치'란 말은 한국에서만 통용되는 독특한 개념이죠. 번역하기 어려워서 영어로 눈치nunchi[4]라는 단어가 있을 정도입니다. 정의하자면, 적절하고 센스 있게 남의 불편함을 예방할 것, 정도가 될까요? "왜 이렇게 눈치가 없어?"라는 말이 따끔하게 느껴지는 이유는 상대가 느끼는 부정 정서에 대한 책임이 나에게로 돌아오기 때문일 겁니다.

어쨌거나 이런저런 노력에도 불구하고 행복을 위한 '부정 정서 적게 느끼기'는 쉽지 않습니다. 워낙 자주 느끼니까요. 게다가 우리가 불안과 같은 부정 정서를 자주 느끼는 것은 주변의 위험을 재빨리 감지해서 살아남으려는 진화의 결과이기 때문에, 완전히 없애는 것도 불가능합니다. 그렇다면 부정 정서를 '삭제'하는 대신 무엇이 필요한 걸까요? 답은 간단합니다. 따뜻한 물을 얻으려면 냉수를 줄이고 온수를 늘려야 하듯이, 부정 정서는 되도록 적게 그리고 긍정 정서는 더 많이 느끼는 게 중요합니다.

이때 한 가지 문제가 생깁니다. 앞서 우리 언어에 긍정 정서 표현이 적다고 이야기했는데, 실제로 그만큼 우리는 낮은 각성 수준의 좋은 기분(예: 평온한, 애정 어린, 다정한, 따뜻하고 마음이 가는)을 놓치기 쉽습니다. 높은 각성 수준의 긍정 정서(예: 열광적인, 흥분된, 흥미진진한, 자랑스러운, 유쾌한)에만 반응하는 편이죠.

낮은 각성 수준의 긍정 정서가 행복에 별로 도움이 되지 않기 때문에 알아채기 힘든 걸까요? 아닙니다. 실상, 행복의 과학은 반대로 작용합니다. 행복으로 가는 길은 '강도'보다 '빈도'입니다.[5] 소소한 긍정 정서라도 여러 번 느끼는 것이 행복해지는 지름길이라는 것이죠. 그래서 우리는 저각성 긍정 정서를 흘려보내지 않아야 합니다. 온몸이 떨리는 전율과 마찬가지로 은은한 안정감도 좋은 기분임에 틀림이 없습니다.

다행인 것은 의식적으로 애쓰지 않아도 기분 좋아지는 것들을 찾아가려는 본성이 우리에게 있다는 점인데, '칭찬받기'가 대표적입니다.' 확실히 칭찬은 미지근했던 일상을 따뜻하게 데워주는 역할을 합니다. 뭔가 제대로 해낸 대단한 사람으로 '인정받는 느낌'이랄까요?

행복의 결정 요인, 다른 사람의 인정

광욱 씨는 등산 동호회에서 열심히 활동해왔습니다. 정기 모임에도 꾸준히 참여하고, 등산 번개를 직접 추진하기도 했죠. 등산 코스를 선정하는 것은 물론, 모임 후에 어디서 차를 한잔하면 좋을지 카페 리뷰도 꼼꼼히 살펴보곤 했습니다. 번개를 주최하는 일은 꽤나 번거로웠지만, 모이는 사람이 늘어나고 반응도 좋아 뿌듯함을 느꼈습니다. 적당히 모였다가 기분 좋게 헤어질 수 있도록 참여한 사람들의 기분을 살피는 데 공을 들였고, 번개를 성공적으로 마친 후에 역시 광욱 씨라며 추켜세워 줄 때면 기분이 꽤 괜찮았습니다.

그렇게 몇 주가 지났을까, 새로운 신입 회원이 들어왔습니다. 고등학교 때부터 계속 등산부였다는 이 친구는 광욱 씨보다 나이가 어렸지만, 등산 경험도 많고 성격도 좋아 쉽게 사람들의 호감을 샀습니다. 그때까지만 해도 광욱 씨 역시 별 생각이 없었는데, 문제는 이번 주 등산 번개에서 일어났습니다.

등산 전 몸 풀기 시간, 혼자 스트레칭을 하고 있던 신입 회원을 다른 사람들이 하나둘 따라 하기 시작하면서 어느새 그 친구 중심으로 사전 준비 활동이 진행된 것이죠. 번개 주최자인 광욱 씨 대신 신입 회원에게 주도권이 넘어가고 만 것입니다.

사람들은 역시 경력자라 다르다며 칭찬 일색입니다. 앞으로 그 친구가 번개를 주최하면 좋겠다고 한술 더 뜨는 사람들도 있었죠. 아무도 뒷전이 된 광욱 씨를 챙겨주지 않았고, 광욱 씨는 사람들이 야속해졌습니다. '몇 주 동안 번개를 열고 공을 들인 게 누구인데 이렇게 한순간에 뒤집힌단 말인가?' 내 공을 가로챈 것 같아 그 신입이 미워지고 자괴감마저 듭니다. 괜한 일에 정성을 쏟았다는 생각과 함께, 이런 일로 마음이 다친 자신이 바보 같아 한스럽기도 했습니다.

나이도 먹을 만큼 먹었고, 누가 시켜서 한 일도 아니었습니다. 광욱 씨 역시 머리로는 알고 있었지만, 자신의 노력을 사람들이 '무시했다'라고 느끼자 서러움과 분노가 교차했죠. 이제 광욱 씨는 그간 선의로 했던 모든 것들을 거두어들이려 하고 있습니다.

꼭 광욱 씨의 사례를 들지 않더라도, 충분 혹은 불충분한 인정은 우리의 인간관계에 직접적인 영향을 미칩니다.' 친구나 연인 사이, 부부 관계와 직장 생활, 각종 모임에서 발생할 수 있는 가장 흔한 문제가 '나를 무시했다' 또는 '제대로 인정받지 못하고 있다'와 관련되지 않나요? 도대체 인정 욕구가 뭐기에, 다들 이러는 걸까요?

한마디로, 인정 욕구란 나의 신념이나 행동에 대해 다른 사람들이 동의해주고, 나의 존재를 긍정적으로 바라봐주기를 원하며 부응하려는 욕구입니다.' 인정받고 싶은 마음에는 아무런 문제가 없습니다. 이는 곧 존중받고 싶은 마음이기 때문입니다. '저 친구라면 뭐든 믿고 맡길 수 있지'라는 신뢰의 표현을 들었을 때 스스로가 자랑스러워지는 것은 당연한 일입니다.

심리학자 애이브러햄 매슬로우Abraham Maslow 역시 인정받고자 하는 마음은 인간의 기본적인 심리 욕구 중 하나라고 말합니다. 실제로 인정 욕구는 매슬로우가 제시한 '인간 욕구 5단계(생리적 욕구, 안전 욕구, 소속 및 애정 욕구, 자기 존경 욕구, 자아실현 욕구)' 중 여러 단계와 밀접한 관련이 있습니다. 인정을 통해 우리는 집단 속에 안전하게 소속되었다고 느끼고 내가 존재해야 할 이유를 입증해냅니다. 그래서 계속해서 칭찬과 인정의 대상이 되기 위해 더 큰 노력을 기울이죠.' 이는 소심하거나 의존적이어서가 아닙니다. 아무리 '미움받을 용기'로 충만한 사람이라도 타인의 피드백에 관심이 가게 마련입니다. 이런 관심은 더불어 살아갈 수밖에 없는 사회적 동물인 인간에게 아주 자연스러운 일입니다.

삶을 살아가면서, 우리는 여러 상황에 '이렇게 해도 괜찮을까?'라고 생각하곤 합니다. 이는 자연스러운 발달의 결과입니다. 행동에 앞서 잠시 멈추고 생각해볼 수 있는 '억제하는 능력'은 발달 심리학자 장 피아제Jean Piaget가 제시한 세 가지 주요 인지 '실행 기능(계획하기, 실행하기, 억제하기)' 중 하나로 여겨지고 있습니다.[10] 오래 알긴 했지만 별로 가깝지 않은 친구의 결혼식 축의금으로 얼마 정도가 적당할까를 한 번 더 고민하는 것은 괜히 욕먹는 일이 없도록 타인의 피드백을 예상하기 때문이죠.

그렇게 우리는 '나는 괜찮은 사람인가?'를 궁금해하며 자연스럽게 타인의 반응을 주시하게 됩니다. 아주 어린 시절에는 부모님의 피드백이 절대적이지만, 성장하면서는 또래의 반응을, 어른이 되어서는 직장 상사나 동료의 평판을 두루 참고하여, 사랑받을 만한 자질을 키우고 모난 점은 다듬어가며 삶을 이어가죠.[11]

타인의 피드백은 내 행동이 적절했는지 평가하기 위한 유용한 도구일 뿐 아니라, '나 스스로에 대한 느낌, 상(像)'을 형성하는 데에도 상당한 영향을 끼칩니다. 그리고 그런 다양한 피드백 중 가장 달콤한 것이 바로 칭찬과 인정입니다. 왜 그런 말도 있죠. 칭찬은 고래도 춤추게 한다고. 우리는 간식과 부드러운 쓰다듬을 얻기 위해 춤추는 돌고래를 수없이 보았습니다.

적어도 칭찬과 인정에 있어서만큼은 우리 역시 춤추는 돌고래와 별반 다르지 않습니다. 인정받는 순간은 분명 달콤하고, 행복으로 이어지는 긍정 정서를 듬뿍 느끼게 해주기 때문입니다. 문제는 '칭찬의 단맛'에 중독되어 과도하게 갈구할 때 발생합니다. 인정 욕구가 지나치면 타인에게 매달리게 되고, 다른 사람이 동의해줄 것인가가 나의 진정한 가치 판단보다 더 중요한 사안이 되어버립니다. 관계에 지나치게 몰입하게 되면 정작 나는 사라지고 다른 사람이 생각하는 나만 덩그러니 남겨지고 말죠.

칭찬과 인정을
갈망하는 사람들

해인 씨는 친구 예림 씨가 해외여행을 떠난 후, 30분 단위로 인스타에 올라오는 새 사진과 동영상을 보게 됐습니다. 한국에서는 보기 드문 이국적인 광경을 실시간으로 접하니, 미친 듯이 부러웠죠. 특히나 아름다운 바다 그리고 바다와 맞닿은 듯한 호텔 수영장 풍경은 당장 여행을 떠나고 싶게 만들었습니다. 하지만 항공권을 검색해보니 값이 만만치 않아서, 1년 뒤에나 해외여행이 가능할 것 같았습니다. 무슨 부귀영화를 보려고 이렇게 사나 싶지만, 불확실한 미래에 쉽게 지출을 결정할 수도 없었습니다.

그런데 여행에서 돌아와 만난 예림 씨의 말은 뜻밖이었습니다. 그 완벽한 사진들에 비하인드 스토리가 있었던 것이죠. 사실 이번 여행은 예림 씨가 가본 여행 중에 가장 실망스러운 경험이었다고 합니다. 타지에서의 낯선 잠자리도 불편했고 강한 현지식도 입에 맞지 않아 완전 지친 상태였죠. 게다가 예림 씨가 도착한 날부터 비바람이 몰아치는 우기가 시작되어 떠나는 날까지 숙소에만 갇혀있어야 했습니다. 그러다 폭우가 그치고 잠시 해가 나면, 잽싸게 사진과 동영상을 찍어 공유했던 것이죠. 해인 씨와 예림 씨는 실망스러운 현실과 아름답게 편집된 SNS 사이의 간극에 공감하며 한참 동안 이야기꽃을 피웠습니다.

지금 우리는 칭찬과 인정을 바라는 마음이 과잉으로 흐르는 시대에 살고 있습니다. 누구나 한 번쯤 SNS에서 '좋아요'를 받기 위해 평소보다 과장되거나 연출된 사진을 찍어본 적이 있을 겁니다. 사진 한 켠에 요즘 핫하다는 책이 살짝 걸리게, 이번 시즌 가장 인기 있는 컬러로 네일아트한 손이 함께 보이게끔, 그런 식으로 그럴듯한 사진을 올리기 위해서 사람들이 좋아할 만한 '각' 찾기에 몰두하곤 합니다. 이렇게 얻은 '좋아요'가 왜 나에게 만족감을 주는 걸까요? 이것이 과연 행복인 걸까요?

또한 우리는 능력에 대한 칭찬과 인정 역시 갈구합니다. 2016년 『대학내일』의 조사에 의하면[1], 20대 10명 중 8명(77.1%)이 다른 사람들에게 인정받으면 자존감이 높아진다고 응답했습니다. 인정받고 싶은 상대는 또래친구(36.6%), 본인(27.3%) 순이었고, 그리고 가장 인정받고 싶은 분야는 맡은 일에 대한 성과(25.5%)라고 하네요. 하지만 실제로는 성격(54.5%)과 대인관계(53.5%)에 대한 칭찬을 주로 듣는다고 답했습니다.

그래서 성과를 과시할 수 있는 인증샷을 올리는가 봅니다. '공시(공무원 시험)'를 준비하는 동안 다 쓴 수십 수백 개의 볼펜들, 완독한 책, 운동을 마친 모습 등을 말입니다. 자신에게 이런 성과를 이끌어낼 만한 성실성, 꾸준함, 인내와 같은 자질이 존재한다는 것을 보이기 위한 유용한 수단이니까요. 운동을 인증한 동영상에 '정말 대단하시네요. 게으른 저를 반성합니다' 같은 댓글이라도 달리면, 대단하고 부지런한 사람이 된 것 같아서 우쭐하게 됩니다. 일시적이지만 그 기분을 느끼고 싶어서 다 읽지도 않은 책을 '역시 이번 책도 훌륭했다!'라며 공유하는 허깨비 같은 과시를 하기도 하죠.

그럼 이제 충분할까요? 안타깝게도 긍정 정서는 행복의 필요조건이지만, 그렇다고 충분조건은 아닙니다. 행복의 조건을 되새겨볼까요. '삶에 대한 만족, 긍정 정서는 자주, 부정 정서는 되도록 적게!'

칭찬과 인정을 끌어내어 긍정 정서만을 주입한다고 해서 행복해지는 것은 아닙니다. 내 삶의 개인적 측면과 관계적 측면에서 골고루 만족해야 하죠. 철저한 인상 관리를 통해 인정받으면 분명 좋은 기분을 느낄 수 있습니다. 하지만 실제 나와 이상적인 나 사이의 괴리가 커지면, 이상적으로 바라는 모습을 작위적으로 유지하는 데 너무 많은 에너지를 쏟게 되죠. 이 때문에 관계 속에서는 피곤해지고 개인적 측면에서는 불만족스러워집니다. 관계와 집단 속에서 인정을 얻어 기분은 괜찮다고 해도, 행복하지는 않은 것이죠.

사회 심리학자 토리 히긴스Tory Higgins[13]는 '실제 자기actual self'와 '이상적 자기ideal self'의 괴리가 지속되면 불만족스럽고 슬픈 기분을 느끼는 '낙담한 상태'에 이르게 된다고 했습니다. 인정 욕구가 과도한 사람이 그리는 '이상적 자기'는 늘 타인에게 인정받는 모습이어야 하는데, 노력에도 불구하고 실제 인정을 얻는 데 실패하면 필연적으로 낙담에 빠진다는 것이죠.

나는 요즘 '진짜 나'의 모습으로 살아가고 있을까요? 아래 그림에서, '진짜 나'와 '지금의 나'가 얼마나 일치하는지 가장 잘 나타낸 그림을 골라보세요.

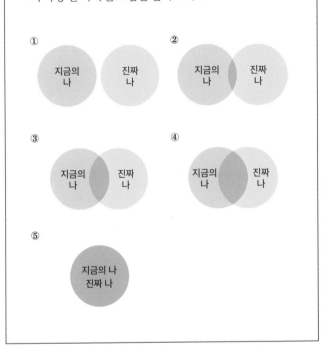

가치의
조건화

우리는 기 살려주는 말을 들으면 애정을 느낍니다. '우리 딸이 최고!'라는 카톡 한 통에 힘이 나고 끔찍한 월요일을 견딜 수 있는 에너지를 얻습니다. 반면 가족이나 연인을 살뜰하게 챙겼지만 어느 순간 자신이 베푼 만큼 돌아오지 않는다고 느끼면 상처를 받게 됩니다.

인본주의 심리학자 칼 로저스Carl Rogers[14]가 말하길, 삶에서 중요한 사람들이(예: 부모님, 배우자) 무조건적이고 긍정적인 관심을 보일 때, 우리는 스스로를 있는 그대로 가치 있는 존재라고 생각하게 된다고 합니다. 하지만 냉정한 현실 속에서 우리는 타인의 입맛에 맞춰야만 관심을 얻게 되는 경우가 대다수죠.

'진짜 나'의 모습으로 행동할 때와 타인의 기대에 부합하도록 행동했을 때 반응의 차이는 명백합니다. 설정샷과 인증샷에 달리는 '좋아요'처럼, 이상적으로 꾸며낸 내가 얻을 수 있는 보상은 너무나 확실하고 언제나 달콤합니다.

하지만 이렇게 사랑받고 싶은 욕구 때문에 다른 사람을 기쁘게 하기 위해 애쓰다 보면, '조건화된 자기 가치감conditioned self-worth'이 형성됩니다. 즉, 나 스스로의 가치에 타인의 반응과 태도가 영향을 미치고, 다른 사람의 인정 여부에 매달리게 된다는 뜻이죠. 실제로 많은 엄마들이 자녀의 100점짜리 시험지 앞에서 저도 모르게 콧구멍이 넓어지고 눈에 띄게 기뻐하는 '실수'를 범하는데, 자기 가치감이 엄마의 반응에 따라 조건부가 되어버린 아이는 엄마의 사소한 부정적 신호에도 쉽게 불안해집니다.

인정 욕구가 승인 욕구로 변질되면 어려움이 더 커집니다. 승인 욕구는 다른 사람이 내게 긍정적인 태도를 갖길 바라는 욕구를 말하는데, 승인 욕구가 높으면 상대방의 표정, 행동, 말에 민감해집니다.[15] 심지어 상대의 무리한 요구를 고분고분하게 받아주기도 하죠.

승인 욕구가 높다고 해서 반드시 우울한 것은 아니지만, 자존감이 낮아진 상태에서 승인 욕구가 발동하면 우울해집니다.[16] 일이 잘 풀리지 않거나 마음에 둔 사람과 잘 이루어지지 않아서 자존감이 떨어졌다고 느낄 때, 승인 욕구가 폭발하면 작은 부정적인 피드백에 대해서도 '나는 거절당한 사람이다'라며 의기소침해지기 쉽습니다.

인정과 사랑을 받기 위해 조건에 맞춰 행동하는 데 익숙해지면 삶의 주인으로서 만족을 느끼지 못하기 때문에 행복은 요원해집니다. 행복은 밖이 아니라 우리 안에 존재하기 때문입니다. 그러니 이젠 SNS 업데이트 대신 의식적으로 나를 기쁘게 할 수 있는 일들을 찾아서 해볼 필요가 있습니다. 내가 경험하고 체험한 것에 우선순위를 두고, 다른 사람의 피드백은 후 순위에 두는 것이죠. 그렇게 부정 정서가 줄어들고 조그마한 기분 좋은 일들이 반복될 때, 그때 비로소 행복할 준비가 된 거라 할 수 있습니다.

스스로를

긍정적으로 여기려면

근거가 필요하다.

타인의 피드백 없이는

내가 지금 충분히 괜찮은지

아니면 부족한지

평가하기가

어렵기 때문이다.

Chapter 2.

오늘도
'보이기 위한
나'를

편집하는
중입니다

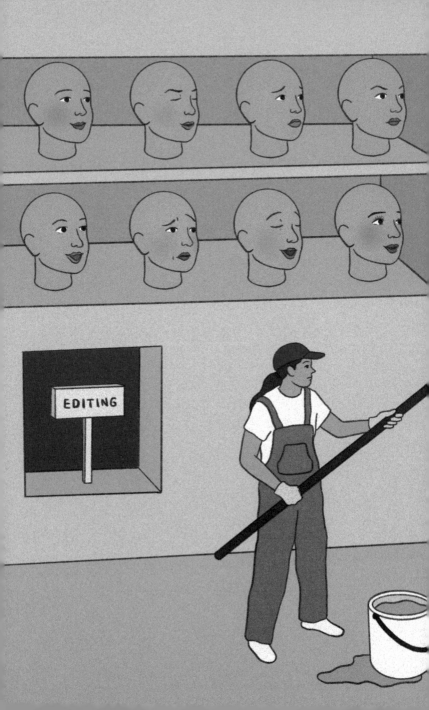

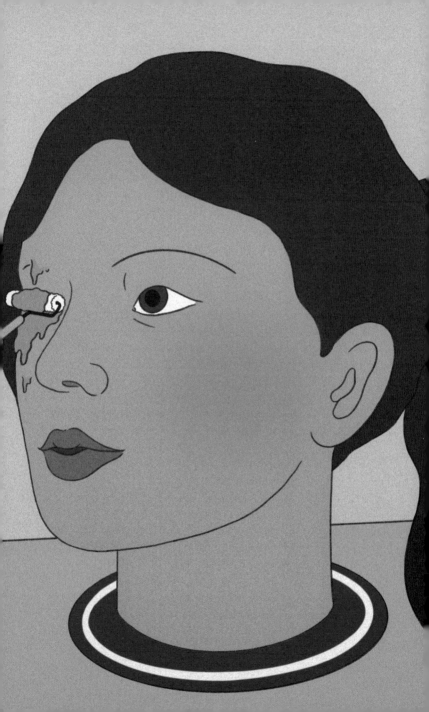

앞장에서 잠시 이야기한 것처럼, 우리는 타인에게 인정받기 위해 '나를 포장하는 일'에 익숙합니다. 문제는 다른 사람들에게 보이는 이미지에 모든 신경을 기울이면서 자기 포장을 계속하다 보면, 진짜 나는 어떤 사람인가 하는 정체성의 혼란이 찾아오기 쉽다는 겁니다. '보이기 위한 나'와 '진짜 나' 사이의 괴리가 점점 커지면, 이는 자존감의 문제와도 연결이 되죠.

그래서 이 장에서는 보이기 위한 나와 진짜 나 사이의 괴리를 인식하는 일과 정체성 형성 과정에 대해 이야기하려 합니다. 그리고 이를 통해 도대체 자존감이 뭔지, 건강한 자존감을 지키려면 어떻게 해야 하는지를 알아보겠습니다.

투명한 사람에
대하여

인스타그램 속 대부분의 사진들은 자연스러움을 가장한 연출 사진일 가능성이 크지만, 우리는 알면서도 모른 척합니다. 마치 너와 나 사이의 암묵적인 약속처럼 말이죠. 그렇다면 인스타 속 나와 이렇게 다른 현실의 나는 '투명'하지 못한 사람일까요?

사실 사회생활에서 지나치게 투명한 사람은 곤란에 빠지기 쉽습니다. 사생활을 숨김없이 공개하거나, "새로 산 이 넥타이 어떤가?"라고 묻는 상사에게 "솔직히 디자인이 난해합니다!"라고 대답했다가는 하루가 멀다 하고 구설수에 오르겠죠.

자신의 인상을 잘 관리하기 위해서는 두 가지가 필요한데, 바로 '좋은 인상 주기'와 '나쁜 인상 피하기'입니다. 사회생활을 하기 위해 이런 것들이 어느 정도 필요하다는 것에는 이견이 없을 겁니다. 문제는 과도하면 이 전략들이 과대한 자기 포장으로 이어져 정체감 혼미를 일으킨다는 거죠.[17] 연극에서 쓰는 가면을 이르는 라틴어 페르소나persona[18]는 요즘 '사회적 가면'이라는 말로 많이 쓰입니다. 상황과 상대에 맞추어 적절한 가면을 쓸 수 있다면 분명히 인상 관리에 유리할 것입니다. 하지만 이 가면이 수십 개라면 어떨까요? 상상만으로도 무척 혼란스럽습니다.

해외 파견 중인 용진 씨는 얼마 전부터 운동을 시작했습니다. 외국 체육관에 등록하는 건 처음이라 낯설었지만 외로운 타지 생활에 적응하기 위해 용기를 냈죠. 어색함도 잠시, 함께 운동하는 현지인들과 점점 친해지게 되었고, 열심히 운동하는 자신이 뿌듯해 주기적으로 SNS에 운동하는 모습을 공유했습니다. 그렇게 2~3개월쯤 지났을 때, 회사 내에서 용진 씨에 대해 안 좋은 말이 돈다는 이야기를 들었습니다. 다른 사람들은 한국 본사에서 고생하는데 꼬박꼬박 운동씩이나 다니는 걸 보니 아주 팔자 좋다는 악담이었죠.

혼자 외국에 나와 생활하느라 고군분투인데 월급 받는 유학생쯤으로 치부하다니 너무 억울했습니다. 그때부터 용진 씨는 다시는 회사 사람들이 볼 수 있는 공간에 개인 사진을 올리지 않겠노라 굳게 다짐하게 되었죠.

오늘날 많은 이들에게 '성공적인 사회생활'이란 진짜 모습을 적당히 숨기는 것을 의미합니다. 괜한 오해로 안 좋은 소문이 날 것을 예방하기 위함이죠. 보일만한 정보와 숨겨야 할 정보를 예리하게 골라냅니다. 촘촘한 판단 기준을 세울 뿐 아니라, 되도록 나에 대해 최소한만을 보여주는 게 이롭다고 여깁니다. 특히 순종적인 사람을 선호하는 한국 사회에서 이런 사회생활 방법은 일종의 규칙이 되어버렸습니다. 실제 사람의 성격은 무지개를 펼쳐놓은 것처럼 다채롭지만, 신기하게도 사회생활을 할 때는 하나 같이 특색 없는 회색 인간이 됩니다. 한 심리학 연구[1]를 보면, 서구 사회는 어릴 적부터 자기주장이 강하고 쾌활한 사람을 선호하는 반면, 집단주의인 동아시아 사회는 적당히 수줍어하는 사람을 선호한다고 합니다. 우리는 이렇게 점점 나를 숨기는 일에 익숙해져갑니다. 하고 싶은 말을 꾹 참고 포커페이스를 유지하면서 말이죠.

오늘은 어떤 나를
연기해볼까

사람들이 자신의 모습을 숨기는 이유는 안전하지 않다고 느끼기 때문입니다. 진짜 모습을 드러냈을 때 상대방이 어떻게 반응할지 가늠하기 어렵고, 혹시라도 나에 대한 부정적인 평가가 나비 효과를 일으키며 일파만파 퍼질지 모르기 때문에 불안합니다. 위험을 감수하면서까지 진짜 나를 보일 필요는 없죠. 차라리 나를 안전하게 보호하는 게 낫다고 여깁니다.

믿을만한 친구에게 어렵사리 솔직한 모습을 보였는데 오해받은 경험이 있다면, 이후에는 남들이 나를 안 좋게 볼 것 같은 불안에 더욱 사로잡힙니다. 때로는 진짜 나를 그대로 받아들여줄 거라는 기대를 했다가 실망하기 싫어서, 때로는 예상되는 위험을 피하기 위해서, 우리는 '기본적으로 남들은 진짜 나에 대해 좋은 인상을 갖기 어렵다'고 가정해버립니다. 사회적으로 거절당하거나 무리에서 배제당하는 것은 언제나 뼈아픈 경험이니까요. 그러다 보니 '회사에서의 나'와 '제일 친한 친구 앞에서의 나', '가족 앞에서의 나'가 완전히 다른 경우를 심심찮게 볼 수 있습니다. 가끔은 상황에 따른 행동 차이가 너무 심해서 완전히 다른 사람으로 보일 정도죠.

성격이 둥글둥글하고 늘 웃는 모습인 유미 씨는 사람들과 참 잘 어울립니다. 두루두루 친한 만큼 주변인들로부터 자잘한 부탁도 많이 받는데, 지치지 않느냐는 질문에 이렇게 답합니다. "나는 가면을 여러 개 준비해놓고 필요에 따라 사용하고 있어. 그래서 별로 스트레스 안 받아." 자기 포장에도 불구하고 스트레스를 거의 받지 않는 유미 씨는 능숙한 경극 배우인 모양이지만, 대부분의 사람들에게 특정한 모습을 연기하는 것은 매우 피곤한 일입니다. 그래서 관계 자체가 힘들죠. 경극 배우 연기를 하느라 지치는 건 인지 심리학적으로 당연합니다.

각종 상황으로부터 받아들인 정보 처리가 가장 활발하게 이루어지는 '작업장'은 우리의 단기 기억입니다. 다른 말로 '작업 기억working memory'이라고 부르는데, 작업 기억의 용량은 제한적이어서 한 번에 모든 정보를 처리하는 건 불가능하죠.[20] 그래서 우리는 숙련된 기술인 '인지 전략'을 사용하여 정보 처리의 용량 소모를 줄이기 위해 노력합니다.[21] 하지만 동시에 몇십 개의 전략을 사용할 수는 없습니다. 작업 기억의 시스템상 불가능한 일이기 때문에, 경험에 의거한 지식인 '상위 인지metacognition(생각에 대한 생각)'가 아무리 발달한 사람이라도 사회적 가면을 수없이 교체하다 보면 용량 초과로 지치기 마련입니다.

타인과 함께 있는 것 자체가 피곤하기 때문에 혼자가 제일 편하다고 느껴집니다. 혼자 있으면 사회적 가면을 모두 내려놓을 수 있고, 상대의 기분을 상하게 하거나 오해를 사진 않을까 살피는 수고를 하지 않아도 되니까요. '자발적인 혼자'가 되었지만 외로움은 느껴지고, 그렇다고 나를 있는 그대로 보여주자니 자신이 없고, 이대로 정말 괜찮은가 싶어집니다.

자기 포장은
자존감을 지키려는 시도

자기 과시 혹은 자기 포장 모두 자존감을 지키기 위한 시도입니다. 자존감self-esteem은 스스로의 '존엄성'에 대한 자기 내부의 의식을 말하죠.[22] 자기 가치감이나 자기 존중과도 비슷한 개념인데, 이것은 '나 고유의 의식'이라는 점에서 개인의 심리적 건강에 매우 중요합니다." 그래서 사람들은 자존감을 위협받는다고 느끼면 재빠르게 방어 태세를 취합니다. 타인의 부정적인 평가가 예상되면, 소중한 자존감을 해치려는 시도로 느껴 극도로 긴장하게 되죠. 이때 사람마다 취하는 방어 태세가 다른데, 어떤 이는 공격적으로 반응하기도 하고, 또 어떤 이는 타인에게 큰 호의를 베풀어서 부정적인 평가를 피하려 합니다. '좋은 게 좋은 거'라며 불쾌하거나 부당하다고 해석한 상황을 어물쩍 넘어가는 경우 역시 이런 노력의 일환입니다. 이는 우리 주변에서 쉽게 볼 수 있는 일이죠.

정혜 씨는 취미반 강습을 마치고 사람들과 저녁식사를 했습니다. 인원은 6명. 괜찮은 레스토랑에서 식사도 하고 술도 한잔 했더니 금액이 꽤 나왔습니다. 다음날, 회비 정산을 위한 카톡 단체방이 열렸습니다. 수강생 4명에 선생님 2명인데 정산 담당자가 선생님들은 회식비 면제라고 말합니다. 다른 사람들의 의견을 묻지도 않고 일방적으로 결정한 것이죠. 하지만 정혜 씨의 생각은 달랐습니다. 다 같이 즐긴 날이었고, 식사를 대접할 만큼 선생님들과 가까운 사이도 아닌 데다가, 게다가 수업은 돈 내고 듣는 건데 엄연히 별개 아닌가 싶었습니다. 정혜 씨는 선생님도 포함해서 회식 비용을 n분의 1로 하는 게 나을 것 같았지만, 막상 말을 꺼내려니 자칫 '쫌생이'처럼 보일까 봐 입이 안 떨어졌죠. 때마침 한 사람이 단체방에 의견을 냈습니다. "회식 비용이니까, 선생님 포함해서 정산하면 좋겠어요."

순간 단체방에 정적이 흘렀습니다. 침묵 속에 의견이 갈리는 소리가 들렸죠. 동의를 할까 말까 망설이는 사이 한 사람이 자기는 어떻게 하든 상관없다며 내뺍니다. 뒤이어 다른 사람도 송금을 마쳤다며 단체방을 나가버렸죠. 이젠 타이밍을 놓쳤습니다. 내키지는 않지만 괜히 얼마 안 되는 돈 때문에 까다로운 사람이라고 여겨지는 게 내키지 않았습니다. 정혜 씨 역시 나서지 않기로 결정하고, 조용히 송금을 마친 뒤 감사 인사와 함께 그 방을 나오고 말았습니다.

정혜 씨는 부정적인 피드백이 예상되는 상황에서, 자신을 보호하고자 안전한 대세를 따랐습니다. 불만이 있지만 표현하지 않기로 한 것이죠. 이는 '방어적 자존감defensive self-esteem'이 나타난 것으로, 자기 가치감은 낮고 타인에게 인정받고 싶은 욕구는 크다 보니 자신에 대해 좋게 말하려는 경향성을 일컫습니다.[24] 방어적 자존감이 높은 사람은 자신을 과장해서 보여주려는 태도와 사회적으로 바람직하게 보이고 싶어 하는 욕구도 강한 편이죠.

'불안 관리 이론terror management theory[25]'은 자존감의 목적이 자기를 방어하는 데 있다고 설명하는데, 이 관점에서 보면 좋게 좋게 넘어가려는 시도는 보편적인 것입니다. 특히 실존적인 불안existential anxiety으로부터 자신을 지키기 위함이라는 것인데요, 실존적인 불안이란 사람으로 태어난 이상 누구나 경험할 수밖에 없는 불가항력적인 불안을 의미합니다.[26] 존재하는 것 자체로 인한 불안이라는 건, 깊은 심해나 칠흑같이 어두운 우주를 볼 때 느끼는 공포와 일맥상통합니다. 무중력 상태로 둥실둥실 떠밀리는 모습은 상상만 해도 아찔하죠. 사람은 삶의 무의미함, 죽음, 인생의 유한성을 마주할 때 한없이 가라앉습니다.

그래서 우리는 자존감이라는 방패로 실존적 불안에 맞서고자 합니다. 우주에서 바라보면 먼지처럼 작은 나지만, 관계에서 내가 가치 있는 사람임을 확인하면 일시적이나마 불안함을 덜 수 있으니까요. 유한한 삶에서 의미를 느끼기 위해 노력하는 것, 다시 말해 긍정적으로 보이려고 노력하는 것은 생존을 위한 일이기도 합니다.

자존감은 대개 시간과 상황에 안정적인stable 성격 특성입니다.[27] 이를 '특성trait 자존감'이라고 하는데, 나이가 들거나 환경이 변한다고 해서 바뀌지 않습니다. 반면, 매 순간 달라지는 '상태state 자존감'[28]도 있습니다. 상태 자존감은 삶의 경험에 따라 변화합니다. 소개팅 상대에게 첫눈에 호감을 느꼈지만 받아들여지지 않았을 때 상태 자존감에 '스크래치'가 나면서 감정이 요동치죠. 자신감이 샘솟았다가도 이내 민망함과 부끄러움이 몰려옵니다. 또 다이어트에 성공하면 상태 자존 감이 급상승합니다. 놀라우리만치 높아진 자기 가치감을 느 낄 수 있지만, 몇 달 후 요요가 찾아오면 상태 자존감은 다시 금 급락합니다.

인상 관리를 중요하게 여기는 사람이라면 사회적 가면 컬 렉션을 이용해서 팔색조 같은 매력을 뽐낼 때 높은 상태 자존 감을 유지할 수 있을 것입니다. 모두에게 인정받고 갈등을 만 들지 않으면서 '대인 관계에 뛰어난 나'를 음미할 수도 있겠 죠. 외적으로 결점 없이 아름다운 나, 높은 연봉을 받는 나, 효 심이 지극한 갸륵한 나 등 높은 상태 자존감을 느낄 수 있는 구석은 사람마다 제각각입니다.

수많은 사회적 가면 속, 선명한 가면 하나

그렇다면 수많은 사회적 가면이 가져다주는 정체감의 혼란 속에서 우리를 붙잡아줄 시금석은 무엇일까요? 이는 자존감 의 '콘텐츠'와 '구조'에서 찾아야 합니다. 자존감의 콘텐츠는 우리에게 중요한 것들로 채워져 있어야 하고, 그 구조가 명확

할수록 자존감이 높아집니다.

먼저 자존감의 콘텐츠를 살펴보겠습니다. 각자도생의 시대, 어설픈 책임감을 버리고 내 몸 하나 잘 건사하는 것이 사회 기조가 되고 있다고 해도, '우리'라는 집단의식을 완전히 벗어나기란 거의 불가능합니다. 이는 생물학적으로도 그렇죠. 뇌에서 정보 처리를 담당하는 기본 단위가 뉴런인데, 이 뉴런과 뉴런 사이에는 자극의 전달이 용이하도록 절연체 역할을 하는 '신경 아교 세포glial cell'가 있습니다. 이 신경 아교 세포 덕택에 우리의 판단과 의사 결정이 가능한 것이며,[29] 아교 세포의 '연결' 없이는 뉴런의 정상적인 활동이 불가능합니다. 연결을 잃어버린 뉴런은 아무런 자극을 교환하지 못하기 때문에 뇌의 기능을 정지 상태에 이르게 만들죠.

우리 몸이 그러하듯 나와 타인은 연결되어 있고 끊임없이 영향을 주고받습니다. '자기'를 구성하는 특성이 '우리we-ness' 속에서의 역할과 기능에 의해 규정되기 때문에[30] 모두를 끊어내고 오롯이 혼자가 되는 건 불가능합니다.

타인의 인정은 자존감이 만들어지는 과정에서 중요한 역할을 담당합니다. 스스로를 긍정적으로 여기려면 근거가 필요하기 때문이죠. 자존감은 자신에 대한 고유한 의식이지만 사회적 맥락 안에서 형성됩니다. 타인의 피드백 없이는 내가 현재 충분히 괜찮은지, 아니면 부족한지 평가하기 어렵습니다.

어떤 모습을 보였을 때 다른 사람들이 감탄하며 인정해줘야만, '내가 참 잘했구나'라고 생각할 수 있는 것이죠. 그렇다면 도대체 어떤 영역에서 잘했다고 생각할 때 자존감이 높아지는 걸까요? 수많은 사회적 가면 중 어떤 것에 방점을 찍어야 더 행복해질 수 있을까요?

돈, 외모, 물질적인 것들이 행복에 어느 정도 영향을 미치긴 하지만, 일정한 수준을 넘어서면 결정적인 영향을 미치지 않는다는 것이 정설입니다.[31] 돈이 많으면 편하긴 하지만 행복의 필수 요소는 아니고, 반대로 부족하면 생계에 허덕이게 되어 행복하기 어렵죠. 외모가 멋지면 감탄을 사겠지만 외적으로 아름다운 사람 모두가 행복한 건 아닙니다.

정답은 진부하지만 간과하기 쉬운 곳에 있습니다. 가족과 가정이죠. 가령 부모들은 '부모 역할'을 잘하고 있다고 생각할 때 자존감이 높아집니다. 한 심리학 연구[32]에 의하면, 아버지는 가장으로 인정받을 때, 어머니는 엄마로서 역할을 잘해내고 있다고 생각할 때 자존감이 높아졌습니다. 자신이 '작은 성인'으로 존중받는다고 느낄 때 청소년의 자존감이 높아진다는 연구 결과도 있습니다.[33] 즉, 각자 다른 역할을 맡고 있는 이들이 자유롭게 의사소통할 수 있는 가정 속에서 정서적으로 교감할 때, 자존감이 자라고 행복해질 수 있다는 의미입니다. 이 '가족'은 혈연지간만을 의미하는 것이 아닙니다. 가족처럼 가깝고 신뢰할 수 있는 관계에서의 화합이 자존감의 토대라는 뜻이죠.

또 하나 자존감의 '콘텐츠' 버금가게 중요한 것이 자존감의 '구조'입니다. 분명하고 안정적인 자존감의 구조를 지닌 사람은 '자기 개념 명확성self-concept clarity'이 높습니다. 그리고 자기 개념이 명확하고 일관적이며 안정적일 때, 나와 관련된 부정적인 정보의 영향을 덜 받고 타인의 평가로 인한 위협을 적게 느낍니다.[34]

사회적 가면을 여러 개 가지고 있더라도 그 속에 존재하는 진짜 내가 선명하다면 정체감의 혼란은 크지 않습니다. 매몰되지 않은 중심이 존재한다면 필요할 때 가면을 사용하고 시간이 지나면 나라는 사람으로 돌아올 수 있죠.

그래서 우리는 결단을 내리는 법을 익혀야 합니다. 나의 진정한 가치가 어디에 있는지, 자존감을 자라나게 하는 중요한 삶의 영역은 무엇인지, 기꺼이 가면을 써도 좋은 영역은 어디인지를 깨닫고, 선택과 집중을 해야 합니다. 그래야 자존감의 구조가 명확해질 수 있습니다.

타인이란 존재는 참 오묘해서 상처를 주기도 하지만 힐링을 가져다주기도 합니다. 사회적 가면을 쓰느라 너무 지쳐 혼자가 되기로 선언했더라도, 정말 편한 사람과 함께 있으면 행복의 에너지가 회복되죠. 이런 관계라면 그 속에서 나의 색깔은 선명합니다.

색의 3요소는 '색상,' '명도,' 그리고 '채도'이죠. 색깔과 밝기도 중요하지만 선명하고 짙은 채도도 중요합니다. 몸과 내면이 통합된 하나의 총체적 인간으로서의 나. 나만의 색이 점점 짙어질수록 나의 존재감을 분명하게 느낄 수 있고, 이는 타인의 부정적인 평가로부터 조금씩 자유로워지는 계기가 됩니다.

Chapter 3.

너에게
공감해줄게,

근데
내 얘기
부터
들어줘

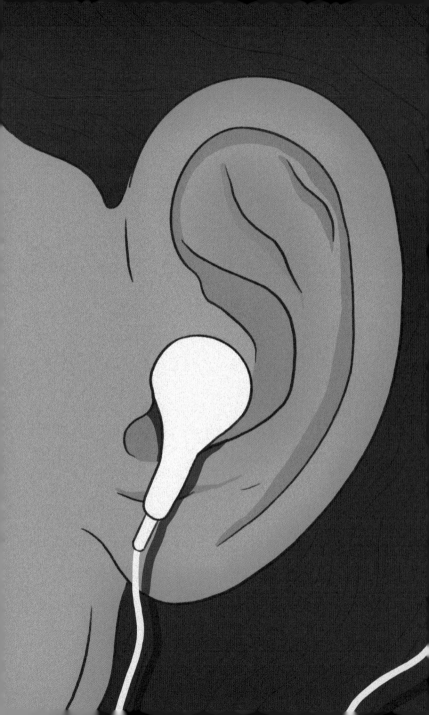

사람들은 서로 자기 이야기를 하느라 바쁩니다. 너도 나도 소통과 공감을 원하지만, 솔직한 속내는 내가 더 깊이, 더 많이 공감받고 싶어 하죠. 또, 너보다는 내가 먼저 인정받고 공감받아야 합니다. 그래야만 다음으로 네게 인정을 베풀고 공감해줄 여유가 생기니까요. 이런 이유로 많은 사람들이 소규모 모임보다는 다수가 모일 때 차라리 더 편하다고 느낍니다. 남의 이야기를 들어줘야 한다는 책임이 분산되고 기회가 돌아왔을 때 내 이야기를 마음껏 할 수 있으니까요.

이쯤 되니 공감이란 과연 뭘까, 의문이 듭니다. 여러 소통의 상황을 떠올려보면 상대가 '기대한 대로' 호응을 해주는가가 공감으로 여겨지는 듯하죠. 그래서 내가 이만큼 눈치껏 호응해줬으니 너도 그만큼 내 얘기를 듣고 호응하라는, 일종의 '주고받기'식의 대화가 진행되기 쉽습니다. 그리고 이 과정에서 필수적으로 등장하는 것이 바로 칭찬과 인정의 말입니다.

나부터
위로해줘

예리 씨는 친구들과 만난 자리에서 회사에서 기분이 상했던 일을 푸념하기 시작했습니다. 나이는 많지만 연차로는 후배인 사람이 있는데, 본인이 오해하기 쉽게 업무를 잘못 전달해 놓고 예리 씨에게 '지적질'을 하더라는 겁니다. 예리 씨는 자신이 얼마나 속상하고 화가 났는지 실감나게 토로하면서, 친구들이 그 사람을 같이 욕해주고 자신을 위로해주기를 기대하고 있었습니다. 그때 잠자코 있던 친구 하나가 예리 씨에게 "근데 너한테도 잘못이 있는 것 같은데?"라고 돌직구를 날렸습니다. 그 자리에선 어물쩍 넘어갔지만, 이후 예리 씨는 다른 친구들에게 그 친구가 자기를 무시했다며 또다시 하소연을 하기 시작했습니다.

우리 주변엔 예리 씨 같은 친구들이 넘쳐납니다. 이해받고자 하는 욕구가 부글부글 끓는 시대에 살아가고 있죠. 민호 씨는 똑같은 실수를 3개월째 반복하는 신입 직원에게 쓴소리 한 번 했다가 이해심 없는 냉혈한 선배로 낙인찍혀 여태까지 눈치를 보고 있습니다. 솔직히 이해받으려 하기 전에 먼저 상대방을 이해하라는 식의 뻔한 설교는 지긋지긋합니다. 선배인 나부터 좀 이해해보라고 외치고 싶을 뿐이죠.

사람이기에 서로 간 이해가 필요하단 것쯤은 모두 알고 있습니다. 인간은 사회적 존재죠. 심리학자 알프레트 아들러Alfred Adler는 인간의 모든 고통이 '사회적 관심의 결여' 때문이라고 말할 정도입니다. 하지만 문득 억울함이 생깁니다. 남들과 더불어 살아갈 수밖에 없다는 건 인정하지만, 그런데 왜 매번 나만 먼저 이해해야 하는 걸까요? 솔직히 손해 보는 기분을 지울 수가 없습니다.

요즘 들어 우리가 유독 '이해'에 목마르게 된 데에는 '나 혼자 사는' 1인 가구 증가와도 관련이 있습니다. 2019년 기준, 1인 가구는 599만 가구로 전체의 29.8%[35]를 차지하고 있죠. 혼자가 편하다고 말하는 우리에게 이해받는 것이 중요한 이유는 진정한 대화가 '초대와 수락'으로 이어지는 과정이기 때문입니다. 만일 내가 어떤 주제로 너를 초대한다면, 너는 초대를 수락하고 이 대화 속으로 들어와야만 합니다. 말이 끝나자마자 앞다투어 제 이야기하기 바쁜 대화는 숨 가쁘고 소모적일 뿐이죠. 잡지 『보그』의 칼럼에서 꼭 멀어져야 할 부류의 사람으로 이해를 바라거나 필요한 것이 있을 때에만 찾아오는 사람을 들며, 그런 유형을 '귀신'이라고 표현할 정도이니 말 다한 셈입니다.[36]

공감이
필요한 순간

이해받고 싶은 마음이 이렇게나 커졌다는 것은 우리 마음속 감정의 추가 한계점에 도달했다는 신호입니다. 우리가 평상심을 유지하는 것은 마음속 감정의 추가 흔들리다가 잦아드는 과정을 반복한 덕분인데요, 이 마음속 추의 이름은 '자기 돌봄 self-care'입니다. 아들러 학파인 헤롤드 모삭Harold Mosak과 루돌프 드라이커스Rudolf Dreikurs[37]는 우리가 삶의 주체로 살아가기 위한 중요한 요소로 '자기 돌봄/보살핌'을 꼽았습니다. 이는 스스로를 돌봄으로써 신체 및 정신을 회복하는 것을 의미하는데, 맛있는 음식을 먹거나 따뜻한 물에 반신욕을 하는 등 여러 방법이 가능합니다.

사람마다 자기 돌봄 수준과 방법, 취약한 부분은 다양합니다.[38] 그리고 평소에는 자기 돌봄이 잘 기능하다가도 어떤 사건을 겪으면 추가 진동을 상쇄하기 힘들 만큼 요동치기도 하죠. 이때는 자기 돌봄만으로는 진정이 되지 않고 다른 사람의 도움이 필요합니다. 그게 바로 '공감'이 필요한 순간입니다.

나 자신을 주체할 수 없을 만큼 괴로운 순간에 타인의 공감이 무슨 소용인가 싶지만, 요동치던 마음이 다시 힘을 얻기 위해서는 누군가의 공감적인 태도가 반드시 필요합니다. 예를 하나 들어보죠. 중학생 딸이 짝사랑남과 이루어지지 않아서 평평 울고 있습니다. 당황한 아빠가 딸을 달래며 말하죠. "그런 나쁜 놈이 있나. 울지 마. 네가 아까워. 홀홀 털어버려."

홀홀 털어버리기. 참 간단하고 깔끔한 해결 방법입니다. 너무 간단해서 영화가 시작하자마자 엔딩 크레딧이 올라가는 느낌이 들지 않나요? 짝사랑 상황을 바라보는 딸과 아빠의 눈높이가 다르다 보니 공감이 잘 이루어지지 않는 것인데, 이는 어린 딸에게 "술이나 한 잔 하고 털어버려!"라고 하는 것과 같습니다. 아빠는 안타까운 마음에 위로를 건네고 있지만 정작 딸은 전혀 공감받지 못하고 울 뿐이죠. 중학생 딸에게는 사랑이 받아들여지지 않은 슬픔을 소화할 시간이 필요합니다.

어른도 마찬가지입니다. '그럴만하다'는 공감 언어를 들어야 안심이 됩니다.[39] "네가 유난인 게 아냐. 충분히 고민스럽고 아파할 만한 일을 겪은 거야. 네가 나약한 게 아니야." 이렇게 공감을 동반한 위로 속에서 요동치던 마음의 추가 잦아들고 평소의 모습으로 돌아올 수 있습니다.

미국의 심리학자 마샤 리네한Marsha Linenhan에 의해 고안된 후, 경계선 성격 장애의 치료에 널리 활용되고 있는 방법으로 '변증법적 행동 치료Dialectical Behavior Therapy: DBT'라는 것이 있습니다. 이 행동 치료의 주요 요소 중 하나가 '정서적 타당화 emotional validation'인데,[40] 이는 어떤 경험으로 인한 상대방의 정서 상태에 공감하고, 현재의 상태가 될 수밖에 없는 '정당성'을 찾아 공감해주는 것을 의미합니다. '너의 억울함, 슬픔, 분노는 정당한 것이야'라는 적극적인 공감을 뜻하죠.

비록 상대방의 행동이 겉으로는 비합리적으로 보인다고 해도 그 사람만의 고유한 경험과 상황 속에서 '그럴 수밖에 없었겠다'는 정당성을 찾아 전달한다면, 상대는 진정으로 수용받는다고 느끼게 됩니다. 다른 사람에게 수용받는 경험을 통해 스스로도 자신을 타당화할 수 있게 되는 것이죠.[41]

중학생 딸에게 이렇게 말해주었다면 어땠을까요? "그래. 너는 참 오랜 시간 동안 그 친구를 마음에 두고 정성을 기울였는데, 마음이 받아들여지지 않았네. 그동안의 시간이 처량하고 슬프게 느껴져서 지금 많이 힘들겠구나. 참 그럴 수밖에 없겠다."

밀려오는 울음에 진정이 되지 않던 딸도 정서적으로 타당화하는 아빠의 위로에서 자기 마음의 슬픔을, 슬픔의 이유를 이해할 수 있게 됩니다. 우리가 타인의 공감을 간절히 바라는 건 그들을 통해 나의 존재와 마음의 '그럴만한 이유'를 확인하고 싶기 때문이죠. 모든 것이 흐려지고 혼란스러워질 때, 타인의 눈에 비친 나를 통해 내 존재를 뚜렷하게 느끼고 싶어서 말입니다.

"왜 엉뚱한 데를
긁고 있어?"

연인인 주연 씨와 지훈 씨는 냉전 중입니다. 며칠 전 지훈 씨는 직장에서 억울한 일을 당했고, 주연 씨는 열심히 지훈 씨 편을 들어줬죠. 얼마쯤 지나자 주연 씨도 직장 선배와 문제가 생겨서 그 일을 이야기하기 시작했습니다.

그런데 주연 씨가 직장 선배 이야기를 꺼내자, 지훈 씨는 "저번에도 그 선배랑 비슷한 문제가 있지 않았어? 내가 알려준 대로 해본 거야?"라고 말하는 겁니다. 주연 씨는 지훈 씨가 자신을 탓한다고 느꼈습니다. 어떤 해결책을 제시해달라고 이야기를 꺼낸 것이 아니라, 억울하고 화난 마음을 이해받고 싶었던 거니까요. 자신은 지훈 씨가 얘기했을 때 잘 들어줬건만, 이게 뭔가 싶기도 했습니다.

주연 씨는 입을 다물었고, 서운한 마음에 지훈 씨가 하는 말에 태클을 걸기 시작했습니다. 지훈 씨는 찬바람이 쌩쌩 부는 주연 씨의 모습을 보고 당황했고, 주연 씨가 일부러 자꾸 시비를 건다고 느꼈죠. 지훈 씨는 주연 씨에게 왜 기분이 상했는지를 물으며, 어서 이 불편한 냉전 상황을 해결하고 싶었습니다.

하지만 주연 씨의 마음은 이미 굳게 닫혀버렸죠. 더 이상 말해봐야 이해받지 못할 게 분명하다고 생각했습니다. 오히려 왜 화났느냐고 계속해서 묻는 지훈 씨에게 들들 볶이는 기분이 들었고, 이해도 해주지 않으면서 뭘 말하라는 건지 모르겠다고 느꼈습니다. 마침내 주연 씨가 배배 꼬인 상태로 "그건 좀 아니지 않아?" 하는 순간, 본격적인 다툼이 시작됐습니다. 지훈 씨는 주연 씨가 빈정거린다고 느꼈고, 자신을 존중하지 않는 태도에 화가 났습니다. 이제 이들의 대화는 다음과 같이 이어지기 시작합니다.

> 지훈   "너는 맨날 그런 식이더라. 내 이야기를 믿지 않는 거 같아."
>
> 주연   "괜히 나한테 화풀이 하지 마. 직장에서 화난 걸 왜 나한테 푸니?"
>
> 지훈   "야, 무슨 소리야. 네가 잘못 받아들인 거지. 난 너한테 화낸 적 없어."
>
> 주연   "야, 그만해. 네가 도대체 뭔데. 왜 나는 항상 들어 줘야 해?"

결국 '네가 뭔데'라는 말이 나오고야 말았습니다. 서로가 어긋난 진짜 이유와 본질은 사라지고 이겨먹겠다는 고집만 남은 것이죠. 주연 씨는 비공감적인 지훈 씨가 야속하고, 지훈 씨는 차가운 주연 씨가 답답하고 불안합니다.

앞서 언급했듯 공감이 있는 대화는 초대와 수락으로 이어지는 상호 작용입니다. 한 심리학 연구[42]에 의하면, 친밀한 사이일수록 상대방이 공감을 더 많이, 더 강하게, 더 정확하게 해줄 것이라고 기대한다고 합니다. 단순한 지인보다는 절친이 내 마음을 더 잘 알아줄 거라고 기대하는 식입니다.

특히 우리나라와 같이 사람 관계가 중요한 문화에서는 친한 사이일수록 기대하는 공감의 질과 수준이 높기 마련입니다. 개인주의가 강한 미국과 비교했을 때 우리나라 아이들에게는 '토론 문화'를 가르치기가 더 까다롭다고 하는데,[43] 이는 반대 의견을 들을 때 더 민감하게 받아들이고 쉽게 상처받기 때문입니다. 다른 사람의 의견에 반대하는 것을 관계를 위협하려는 시도로 받아들이는 사람이 많다는 것이죠.

그래서 '먼저', '정확히 내 입장에 대해' 공감받길 기대합니다. 공감을 받았을 때라도 그 콘텐츠가 관계를 해칠 수 있는 부정적인 생각과 감정을 짚어낸 것이라면, 오히려 서운해지게 됩니다.[44] 이런 말이 절로 나옵니다. "아니, 내가 공감을 바라는 부분은 거기가 아니란 말야! 왜 엉뚱한 데를 긁고 있어? 가려운 데는 바로 여기라니까?"

공감에도
순서가 있다

너도 나도 먼저 공감받길 원하는 세상에서, 그럼 누가 '먼저' 공감을 해줘야 할까요? 이는 누가 먼저 자신의 욕구를 잠시 뒤로하고 남의 마음을 알아줄 것인가를 의미합니다.

우리는 말문이 트이기 전(비언어시기)부터 대화의 순서를 학습합니다. 7~8개월경 영아라도 상대가 무언가 말하기 시작하면 소리내길 멈추고 경청하는 듯 잠자코 있는 모습을 보입니다.[45] 그러다 상대가 말을 멈추면 그때 옹알이로 화답합니다. 만 한 살도 되지 않은 아기가 벌써 대화의 첫 번째 규칙을 깨달은 것이죠. '다른 사람이 말하고 있으면 우선 듣는 거구나. 곧 내가 말할 차례가 돌아올 거야.'

이처럼 우리는 영아기부터 점차 대화의 세련된 규칙들을 익힙니다. 걸음마를 시작하면 의사소통의 사회 및 상황적 단서들에 더 주의를 기울이게 되고, 2세 아동은 대화 상대가 말을 마칠 즈음 자신을 '쳐다본다'는 것도 압니다.[46] '내 말이 끝났으니 이제 네가 말하기 시작해도 된단다'는 신호를 포착하여 자연스럽게 자신의 대화를 이어나가죠.

상대와의 더 원활한 소통을 위한 이 모든 규칙을 '화용론(話用論)'이라고 합니다. 그리고 화용론을 익히는 과정에서 무엇보다 중요하게 반영되는 것이 앞서 말한 문화입니다.[47] 친구를 대할 때와 나이 차이 많이 나는 어른을 대할 때 대화의 규칙은 분명 달라야 하니까요. 어린아이도 할머니에게 실망스러운 선물을 받았을 때 우선 실망한 마음을 숨기고 감사하다며 공손히 답할 줄 압니다. 할머니의 눈에 좋아 보이는 걸 선물해주신 마음을 이해하고 공감할 수 있기 때문이죠.

공감이 있는 대화는 상호적이어야 하고 주고받기 위한 마땅한 순서가 있습니다. 문화마다 화용론의 세세한 내용은 다르지만, 우리는 누구나 자라면서 화용론을 익히고 있습니다. 사회적 동물인 인간에게 상호 작용을 위한 화용론 학습은 필수 공통적 단계입니다.

두 사람의 마음이 만나려면 때론 '협상'이 필요합니다. 그런데 우리에겐 의외로 성공적인 화해의 경험이 없는 경우가 많습니다. 토론의 장에서 반대 의견만 들어도 평정심을 유지하기 어려운 마당에, 실제 친구 사이에서 벌어지는 상황에선 오죽할까요. 전형적인 핵가족 구조에서 태어난 아이는 여러 형제자매 속에서 한 발 물러나며 양보하기를 배울 기회도 적고, 자기주장적인 특성이 강하다 보니 또래 친구와도 한 번 다투면 화해가 어렵습니다.[48]

서로의 기나긴 입장을 듣고 화해까지 힘든 길을 가느니, 새로운 집단에 편입되는 게 쉽다고 느낄 정도입니다. 학년이 바뀌고 동네가 달라지면 미련 없이 새로 어울릴 친구들을 찾죠. 직장인이 되면 동료들을 '회사 사람'으로 취급하고 친구가 되길 기대하지 않습니다. 그만큼 다투고 화해해가며 관계의 균열을 회복해본 경험이 매우 적습니다.

그 결과 지금 우리는 상호적으로 공감을 주고받는 법을 잘 모릅니다. 그저 먼저 이해받기를 바라고, 무리 내에서 다른 사람들의 이야기를 들어야 할 땐 지루하다고 느끼기 부지기수죠. 마치 공감을 '인질'로 벌이는 대치극을 보는 듯합니다. 서로 "네가 먼저 보내!"라고 외치면서 팽팽한 긴장감만 유지될 뿐, 소통은 제대로 이루어지지 않습니다.

관계를 잘 가꾸려면 공감의 '호혜성reciprocity'이 핵심임을 기억해야 합니다. 이해받지 못할 가능성은 늘 존재하지만, 사람 사이의 일들이 상호 작용의 모양을 띠고 있다는 것을 기억한다면 많은 문제들이 해결될 수 있죠. 양보하는 셈 치고 내가 먼저 공감을 주었을 때, 상대도 분명 울림을 느낍니다. 정서적 타당화가 상대의 현재 상태에 정당성을 부여해주는 공감의 방식이듯, 공감의 본질은 상대방을 그 삶의 전문가로 인정해주는 것이기에, 존중의 의미를 내포하고 있기 때문입니다.**

공감이 고플 때를 위한
응급 처치

아름다운 공감이 있는 대화가 늘 상상처럼 펼쳐지긴 어렵습니다. 그렇다면 오늘 꼭 내 마음을 털어놓아야만 버틸 수 있을 것 같은 응급 상황에서는 어떻게 해야 할까요? 이럴 때는 대면 상태에서의 대화보다는 이메일이 좋은 수단이 될 수 있습니다. 상대방이 우호적으로 반응하지 않아서 더 기분이 상하게 될까 걱정 없이 내 마음을 터놓을 수 있으니까요. 공감을 사기 위해 일부러 내게 유리한 방향으로 쓸 필요는 없습니다. 다음 지침은 변증법적 행동 치료가 제안한 '관계 키움을 위한 감정 표현 및 자기주장 방법'[50]을 모티브로 변형한 것인데, 나를 괴롭힌 사건을 떠올리며 직접 해보면서 관계의 실마리를 풀어가는 것을 추천합니다.

갈등 상황에 대한 감정 표현 연습

최근에 섭섭했거나 의견 다툼이 있었던 사건과 상대를 떠올려보고 그/그녀에게 이메일을 쓰는 실습을 해보세요. 사건은 되도록 생생

하게 기억나는 것을 선택하는 게 좋습니다. 다음의 (예)는 이 장에서 소개한 사례 속 주연 씨의 입장에서 작성한 것이니, 참고하길 바랍니다.

1. 일어난 사건에 대해 간단히 요약하세요. 이때 '좋고 나쁜지에 대한 판단'은 생략하세요.

   (예) "지훈아, 며칠 전 내가 직장 선배에 대한 얘기를 하다가 중단한 뒤 네 말에 반복적으로 반대하면서 우리 서로 기분이 상하고 다투었었지."

   이제 당신이 떠올린 사건에 대해 1번 (예)처럼 적어보세요.

   _____

   _____

   _____

   _____

2. 사건에 대한 내 감정을 적어보세요. 이때 상대방을 탓하는 말은 생략하세요.

   (예) "사실 나는 직장 선배에 대해 얘기했을 때 내 마음을 이해받지 못한 것 같이 느껴서 많이 섭섭했어."

   이제 당신이 떠올린 사건에 대해 2번 (예)처럼 적어보세요.

_____

_____

_____

_____

3. 현재를 포함해서 앞으로 당신이 바라는 점을 '분명하게' 적
   어보세요.

   (예) "내가 만약 속이 상하거나 억울했던 일에 대해 네게 이야기하면 내게
   바로 해결책을 제시해주기보다는 내 마음에 대해 이해와 공감을 먼저 표현해주
   었으면 좋겠어."

   이제 당신이 떠올린 사건에 대해 3번 (예)처럼 적어보세요.

   _____

   _____

   _____

   _____

4. 먼저 상대방의 입장에 대해 이해하는 말을 쓰고, '관계의 회
   복을 위해 내가 무엇을 할 것인지' 제시해보세요. 상대에 대
   한 이해의 말이 내키지 않는다면 길게 적지 않아도 좋습니다.

   (예) "그런데 곰곰이 생각해보니 너도 내가 갑자기 입을 닫아버리고 퉁명스럽게

대해서 얼마나 답답했을까 싶어. 앞으로는 내가 섭섭하게 느껴도 너와의 소통을 그만두지 않고 내 마음에 대해 네게 잘 표현할게."

이제 당신이 떠올린 사건에 대해 4번 (예)처럼 적어보세요.

_____

_____

_____

_____

Chapter 4.

세상에서
가장
중요한 건

바로
내 기분
이지

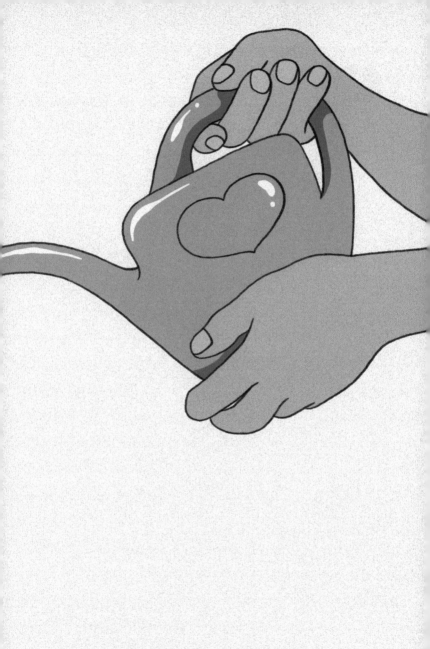

누구나 칭찬에 약합니다. 인정받는다는 느낌이 들면 기분이 좋아지고, 이런 감정의 변화는 우리의 선택에 영향을 끼치죠. 좋았던 기분을 떠올리면서 '어떻게 하면 더 인정받을 수 있을까' 고민하고 행동에 옮깁니다. 반대로 인정받지 못하고 있다고 느끼면 기분이 상하면서, 불만스럽고 섭섭한 마음이 말과 행동에 묻어납니다.

칭찬과 인정을 받느냐 못 받느냐에 의해 '기분'이 좌우되기 때문에, 아무리 인정에 목매지 말자고 다짐해도 홀린 듯 다른 사람의 인정 여부에 촉각을 세우게 됩니다. 연연하지 않겠다는 머리와 인정받는 그 느낌을 쫓고 싶은 마음이 따로 노는 격이랄까요. 이 장에서는 인정 욕구의 충족 여부가 우리의 감정에 얼마나 영향을 끼치고, 그 결과 어떤 일이 벌어지는지를 좀 더 자세히 살펴보도록 하겠습니다.

마법의
인정 버튼

후회 없는 선택을 하려면 이성적으로 판단해야 한다는 걸 알고 있습니다. 그럼에도 이성보다 감정이 앞서면 소위 '결정 장애'에 빠지게 되죠. 감정의 끌림은 의외로 강력합니다.

하연 씨는 오랫동안 이직을 꿈꿔왔고, 그러려면 자격증 공부를 해야 하는 상황입니다. 그런데 막상 시간이 나면 노는 게 우선이었죠. 그때마다 '이 시간에 자격증 공부를 해야 하는데'라는 부담감이 마음을 짓눌렀고, 할 일이 있는데도 차일피일 미루는 자신의 모습이 한심하기도 했습니다.

그러던 어느 날 저녁, 친한 친구와 만나 밥을 먹는데, 친구가 하연 씨에게 자격증 준비가 어떻게 되고 있는지 물어왔습니다. 만나자마자 자격증 얘기가 나오니 순간 짜증이 밀려왔죠. '자격증 준비해야 하는데…'라는 말을 입에 달고 다닌 건 하연 씨였지만, 도와줄 것도 아니면서 쪼이는 것 같아 언짢아졌습니다.

하연 씨의 표정이 굳어지는데도 친구는 '뼈 때리는 말'을 하기 시작합니다. "자격증 안 따면 이직도 못 하는 거지. 에휴, 그냥 그러고 살아. 내가 미리미리 준비하라고 몇 번을 얘기했잖아." 하연 씨도 알고 있습니다. 잘 알고 있지만, 그래도 친구의 말이 너무 야속하게 들립니다. 이어지는 친구의 폭풍 잔소리에 하연 씨는 울컥해서 외치고 맙니다. "야! 지금 그게 중요하니?"

그때 하연 씨에게 중요했던 건 순간의 '기분'입니다. 친구의 말은 분명 '팩트'였지만, 듣는 이의 기분을 고려하지 않은 팩트는 지적질에 불과했죠. 스스로도 부끄럽게 여기고 있었던 허물을 드러내 꼬집은 상황이니, 친구의 태도는 '잔인하게 솔직한'이라는 표현이 딱 어울립니다.

팩트를 제시한다고 해서 누구나 수긍하게 되는 건 아닙니다. 이직을 통해 얻게 될 연봉 인상을 떠올린다면 자격증 준비를 미룰 합리적인 이유는 전혀 없지만, 문제는 하기가 싫다는 겁니다. 하연 씨의 기분이 좀이 쑤시는 자격증 공부보다는 느긋하게 쉴 것을 지금 주문하고 있으니까요.

이렇게 보면 내 안에는 성질이 다른 여러 사람이 공존하는 것 같습니다. 아름다운 몸매를 원하는 나와 초콜릿 아이스크림을 퍼먹고 싶은 나. 내 마음속 다중자아[1] 때문에 걸핏하면 미래의 큰 보상 대신 눈앞의 잔돈 챙기기에 급급하며 마시멜로우를 홀랑 먹어버리고 말죠.

이런 경험은 누구에게나 흔히 있습니다. 이는 줏대가 없어서라거나 유혹에 쉽게 넘어가기 때문이 아닙니다. 인지 신경 과학 연구에 의하면, 즉각적인 보상을 떠올릴 때 활성화되는 뇌 부위와 나중에 얻게 될 큰 보상을 생각할 때 활성화되는 뇌의 부위가 다르다고 합니다.[52] 다중자아로 마음속만 시끄러운 줄 알았더니 우리 뇌의 구조도 그렇습니다.

구체적으로, 뇌에서 감정을 관장하는 부분(예: 편도체, 기저핵, 외측두엽피질)은 '당장'의 욕망을 따르는 결정을 내리라고 촉구하고, 더 고등한 기능을 담당하는 부위(예: 전전두엽피질)는 충동을 조절해서 장기적인 이익을 추구하라고 합니다.

이렇게 우리는 즉각 구미를 당기는 자극들과 당장 얻을 수 있는 것은 아니지만 더 지속적인 가치를 지닌 계획들 속에서 살아가고 있습니다. 이 자극들은 너무나 유혹적인 것들이라, 치킨을 뜯으면서 '홈트(홈 트레이닝)' 유튜브 영상을 보고, 시간 관리를 위한 자기계발서를 주문해놓고도 해야 할 과제들을 미루게 되죠. 끈적거리는 자괴감을 느끼며 곧 후회하게 된다고 해도 말입니다.

각인된
기분 좋음

다중자아에 시달리는 나에게, 다른 사람의 인정과 칭찬은 매우 유혹적인 강화물입니다. 인정과 칭찬이 주는 단맛을 알고 나면 계속 좋은 기분을 얻고 싶어서 비슷한 행동을 반복하게 되죠.

회사에 입사한 지 얼마 안 된 어느 날, 회의에서 조심스레 제안했던 아이디어를 팀장님이 마음에 쏙 든다며 다른 사원들 앞에서 100번쯤 추켜세웁니다. 쿨한 척했지만 속마음은 쿵쾅쿵쾅거리죠. 제대로 인정받은 첫 기억은 몸이 기억합니다. 기분 좋은 신체의 각성과 함께 우리 기억 속에 뚜렷하게 각인되는 것입니다.[53]

심리학에서는 어떤 '행동' 다음에 따르는 '행동의 결과'로 인해 이후 비슷한 상황에서 같은 '행동을 반복할 가능성'이 결정되는 것을 두고 '효과의 법칙law of effect'이라고 말합니다.[54] 이 결과 두 가지 효과가 발생할 수 있는데, 예를 들어 '장난감을 어지르는 행동'의 결과로 '부모님의 꾸짖음'을 겪었다면 (그리고 이 꾸짖음을 행위자가 부정적인 결과로 인식한다면) 이후 놀이할 때 '어지를 가능성이 감소'합니다. 반대로, 위의 상황처럼 '팀장님의 생각과 일치하는 아이디어를 낸 행동'으로 '여러 번 칭찬받고 인정을 얻었다면' 이 사람은 이제 회의 때마다 팀장님의 의중을 살펴 비슷한 생각을 제안하려고 노력하게 됩니다. 이렇게 특정 행동에 따라오는 결과로 '미래의 행동 경향성'이 결정되는 것을 '조작적(혹은 작동적) 조건 형성operant conditioning'이라고 부릅니다.[55]

뭐가 됐든 행동의 결과로써 미래의 행동 경향성을 높였다면, 강화물이 됩니다(반대말은 '처벌제'). 사람의 특성과 상태에 따라 강화물은 달라지기 마련인데, 배고픈 상태일 때는 음식이 강화물이 될 수 있지만, 이미 배가 부른 상태라면 오히려 '산책 한 바퀴'가 강화물이 될 수 있습니다. 그런데 놀랍게도 거의 모든 인간에게 언제나 강력한 강화물이 있으니, 그것이 바로 인정과 칭찬입니다.

인정과 칭찬은 짜릿한 신체적 반응과 함께 각인되어 미래의 행동을 결정합니다. 입꼬리가 절로 올라가고 어깨가 으쓱해지며 온몸이 따뜻해지는 좋은 기분을 느끼게 해주죠. 반면 이성적인 선택과 판단은 대개 차갑고, 멀며, 힘이 많이 듭니다. 한마디로 별로 매력적이지 않습니다.

나의 장기적인 성장을 위해 중심을 잡고 다양한 아이디어들을 떠올리며 일하자고 다짐해봐도, 팀장님의 "역시 이 친구가 요점을 잘 알아! 어쩜 일 파악이 이렇게 빨라?"라는 한마디면 팀장님의 칭찬 받기가 마음속 1순위로 등극하고 맙니다.

칭찬은 그 자체로 짜릿할 뿐 아니라 불안을 잠재우는 효과도 있습니다. 모호하게 여기고 고민했던 결정에 누군가 "오~ 참 잘했네!"라고 말해준다면 쉽게 안심할 수 있습니다.[56] '이렇게 하면 되겠다!'라는 안도감이 찾아와 불안이 사그라지는 것이죠.

하지만 타인에게서 얻은 이 단서들은 '참고용'으로만 이용하는 것이 적당합니다. 팀장님의 칭찬은 '있으면 기분 좋아지니 좋고, 없으면 아쉽지만 어쩔 수 없는' 정도여야 합니다. 만약 칭찬과 인정 여부가 절대적인 기준이 되어버린다면 어떨까요? 타인이 설정한 기준들에 휩싸이게 된 사람은 도리어 불안이 커집니다.[57] '팀장님이 마음에 들어 하시려나? 이 아이디어가 팀장님 취향에 맞겠지? 근데 아니면 어쩌지!'라며, 나의 행동을 결정하는 기준이 남에게 있기 때문에 매우 불안정한 상태가 되고 마는 것이죠.

나의 인정 욕구는
어느 정도일까

앞서 소개했던 '조작적 조건 형성' 원리를 발견한 미국의 심리학자 버러스 프레더릭 스키너B. F. Skinner에게는 '스키너 상자'라고 불리는 조그마한 실험 도구가 있었습니다. 작은 상자 안에 쥐를 한 마리 넣어두고, 쥐가 설치된 버튼을 우연히 누를 때마다 먹이가 굴러 떨어지도록 설계했는데, 먹이라는 강화물에 길들여진 쥐는 누르기만 하면 보상이 따르는 이 마법의 버튼을 끊임없이 눌러대기 시작했습니다.

그렇다면 우리들은 인정과 칭찬이 굴러 떨어지는 버튼 앞에서 어떻게 행동하고 있을까요? 혹시 미친 듯이 누르는 게 지금 내 모습은 아닐까요?

게다가 사람들은 자신에게 유리한 방향으로 세상을 판단하는 '소망 사고wishful thinking'를 하며, 자신만큼은 좋은 일이 생기고 나쁜 일은 피해갈 거라는 '긍정 편향positive bias'에 사로잡혀 '인정 버튼'을 더욱 자주 누르기 쉽습니다. 다른 사람들과 비교했을 때 나에게만은 예기치 못한 부정적인 사건이 발생할 확률이 적을 거라고 믿는 '비현실적인 낙관주의unrealistic optimism'까지 더해진다면 인정 버튼 누르기에 완전히 중독되어 버리죠. 예를 들어 나와 같이 입사한 동기 모두가 3년 동안 평균 3번 정도 프로젝트 발표를 맡고 그중 한 차례 실수를 저지른 데도, 나만은 실수 없이 전부 해내고 상사로부터 인정받을 거라 기대합니다.

한 가지 더 흥미로운 사실이 있습니다. 행동 치료자들은 조작적 조건 형성의 강화 원리를 이용하여 많은 문제 행동을 치료하고 바람직한 행동들을 학습시킵니다. 강화를 이용한 행동 수정, 학습 및 조형법에는 다양한 기법들이 있는데, 이중 가장 효과적이라고 입증된 것이 '변동 비율 계획'입니다.[58] 이 계획의 핵심 중 하나는 언제 강화물이 제공될지 알 수 없다는 점입니다. 아무리 노력한데도 매번 인정과 칭찬을 받을 수는 없는 우리의 현실과 같지 않나요? 간헐적으로, 그리고 무작위로 강화물이 주어지기 때문에 우리가 할 수 있는 일은 단 하나, 그저 강화물을 얻을 수 있을만한 행동을 되풀이하는 것뿐입니다. 뿐만 아니라, 변동 비율 계획에서 되풀이된 행동은 강화물이 아예 주어지지 않아도 쉽게 사라지지 않습니다. 사라졌다가도 다시 강화물의 냄새를 맡으면 금세 '자발적으로 회복'이 되거든요.

이 정도로 인정과 칭찬이 주는 좋은 기분과 감정에 휘둘린다면 마치 꼭두각시와 다를 바 없을 것입니다. 지금 나는 스키너 상자 속 '인정 버튼'을 얼마나 누르고 있는지, 인정 욕구 수준을 측정하기 위한 다음 설문[59]에 답해보세요.

인정 욕구 측정 도구

(The Revised Martin-Larsen Approval Motivation scale; Martin, 1984)

한국어 번역판-송기선(2015)

다음은 여러분이 일상생활에서 경험할 수 있는 상황입니다. 문항을 읽고 자신이 해당하는 정도에 체크해주세요. 체크한 항목의 점수를 합산하되, 2, 12, 13, 16, 19번 문항은 1점 → 5점, 2점 → 4점, 4점 → 2점. 5점 → 1점으로 바꿔서 문항의 점수를 더해주세요.

	문항	전혀 아니다	그렇지 않다	보통이다	그렇다	매우 그렇다
1	나는 같은 상황에서라도 사람들에 따라 다르게 반응한다.	1	2	3	4	5
2	좋은 사람이라는 인상을 주려고 애쓰기보다는, 그저 내 모습대로 사는 것이 더 낫다.	1	2	3	4	5
3	어떤 일을 결정할 때, 동전 던지기로 해결하고 싶을 때가 많다.	1	2	3	4	5
4	남한테 좋게 보이기 위해서라면 내 의견도 바꿀 수 있다.	1	2	3	4	5
5	사람들과 사이좋게 지내고 날 좋아하게 하려면, 남들이 내게 바라는 대로 행동하면 된다.	1	2	3	4	5
6	다수의 의견과 상반될 때, 내 의견을 말하기가 어렵다.	1	2	3	4	5
7	옳은 일이라 하더라도, 남들 앞에서 다른 이들이 보기에 잘못된 일은 하지 말아야 한다.	1	2	3	4	5
8	내 인생의 방향을 통제할 힘이 부족하다고 느낄 때가 있다.	1	2	3	4	5
9	사람들을 대할 때는 자기주장적인 것보다 겸손한 것이 더 낫다.	1	2	3	4	5
10	친구들이 내 편을 들어줄 거라 생각될 때만 내 주장을 내세운다.	1	2	3	4	5

11	나에 대해 나쁜 말을 하는 사람이 있으면, 다시 만날 때 좋은 인상을 심어주려고 최선을 다한다.	1	2	3	4	5
12	내 행동에 대해 변명을 늘어놓거나 사과하고 싶은 마음은 거의 들지 않는다.	1	2	3	4	5
13	남들 앞에서 '적절한' 행동을 하는 것은 내게 중요하지 않다.	1	2	3	4	5
14	사람들을 대하는 최선의 방법은 남들의 의견에 맞장구 치고, 듣고 싶어 하는 말을 해주는 것이다.	1	2	3	4	5
15	아무도 격려해주지 않는 일을 계속하는 것은 힘들다.	1	2	3	4	5
16	나에 대한 어떤 비판이나 말이라도 감내할 수 있다.	1	2	3	4	5
17	힘 있는 사람/중요한 위치에 있는 사람에게 잘 보이려 하는 것은 현명한 일이다.	1	2	3	4	5
18	내 말이나 행동이 남의 기분을 상하게 할까 봐 사람들이 모이는 자리에서는 조심스러워진다.	1	2	3	4	5
19	남들과 의견이 달라도 내 입장을 고수하는 편이다.	1	2	3	4	5
20	친절하고 멋있는 사람일수록 친구가 많은 것이라고 생각한다.	1	2	3	4	5

* 결과: 총합이 높을수록 인정 욕구가 높은 편입니다. 한국인 20대(282

명) 대학생 기준으로 했을 때, 평균은 62.86점이고(표준 편차 8.27), 54.59점 이하는 낮은 편, 71.13점 이상은 높은 편에 해당합니다.

결정을 내리는 건
감정의 몫

이렇게 감정은 우리의 판단에 확실한 영향을 미칩니다. 미국의 심리학자들은 흥미로운 실험을 통해 참가자들의 감정 상태가 그들이 가진 물건의 '가치 평가'에 영향을 준다는 사실을 밝힌 바 있죠.[60] 실험 내용은 이렇습니다.

　기본적으로 사람들은 내 물건이 남의 물건보다 더 가치 있다고 평가하는 '소유 효과The endowment effect'[61]를 보입니다. 심지어 똑같은 제품이라도 내 텀블러가 남이 가진 텀블러보다 더 낫다고 생각하는 경향이 있죠.

　그런데 현재의 감정 상태는 이 소유 효과에 영향을 끼칩니다. 연구자들은 참가자들을 두 그룹으로 나누어, A그룹에는 '역겨움'을 유발하는 영화를 보여주었고, B그룹에는 '슬픔'을 유발하는 영화를 보여주었습니다. 영화 시청을 마친 뒤 참가자들은 각각 물건에 가격을 매겨 판매하거나 구매하는 일종의 모의 상황을 연출했습니다.

그 결과, 역겨움을 느낀 A그룹은 구매자와 판매자가 서로 반대되는 모습을 보였습니다. 판매자 역할을 맡은 사람들은 물건의 가격을 낮춰 가능한 빨리 팔아치우고 싶어 했고, 구매자 역할의 사람들은 지불할 금액 수준을 낮춰서 사지 않겠다는 의향을 보였죠.

한편, 슬픔을 느낀 B그룹은 기분 전환을 원했습니다. 그래서 물건을 떨쳐버리고 싶은 판매자와 사지 않겠다는 구매자가 대치했던 A그룹과 달리, 판매자들은 싼값에 물건을 팔고, 구매자들은 지불 금액을 기꺼이 높여 물건을 샀습니다. 교환하는 활동을 통해 분위기 전환을 꾀한 것이죠. 이처럼 다양한 감정들은 각기 다른 의사 결정을 하도록 영향력을 행사합니다.

또한 결정과 판단을 내릴 때는 당시의 감정뿐 아니라, 우리가 '미래에 느끼게 될지 모를 감정'에도 좌우됩니다. 무엇보다 우리는 후회하지 않으려 하는 경향이 있습니다.

한 가지 상황을 그려보겠습니다. 출장을 갔다가 돌아오는 길, 서울행 KTX 기차를 저녁 8시 출발로 예약했습니다. 그런데 회의가 예상보다 길어져 기차를 놓칠세라 발을 동동 구르며 역으로 가게 됐고, 설상가상으로 핸드폰 배터리가 다 되어 어플에서 열차 시간을 변경할 수도 없었습니다. 도착하니 8시 15분, 기차를 놓친 상황. 이때 다음 중 어느 쪽이 더 화가 날까요?

1) KTX는 예정대로 저녁 8시에 출발했다.
2) KTX가 연착되어 저녁 8시 13분에 출발했다.

대부분 2번 상황에서 더 화가 난다고 응답할 겁니다. 둘 다 이미 떠난 기차인 건 마찬가지이지만, 단 2분 차이라니 아깝다는 생각이 들죠. 기차가 아주 조금만 더 연착됐더라면 탈 수 있었을 테니까요.

우리는 안타까운 후회의 감정을 느끼면 여러 번 곱씹으며 괴로워합니다. 더 늦은 시간 기차를 예약할 걸, 회의가 길어지기 전에 내가 그 말을 하지 말 걸, 혹은 그 말을 할 걸… 이미 지나가버린 과거를 두고 의미 없는 자기 고문의 게임에 빠지곤 합니다.

이처럼 생각을 떠올려 행동에 옮기기까지 우리는 감정에 끝없는 영향을 받습니다. 그렇다고 해서 매 순간 이성을 따라야 한다는 뜻은 아닙니다. 경직된 이성만 강조하다 보면 삶이 무미건조해지고 로봇처럼 생기를 잃어버리게 될 수 있으니까요. 하지만 감정만을 따라 살다 보면 언젠가 후회의 진한 씁쓸함을 맛보게 될지 모릅니다.

이성과 감정의
균형

감정은 강력하고 사사건건 영향력을 미치려고 하지만, 우리는 감정이 의사 결정에 미치는 부정적인 영향을 충분히 줄일 수 있습니다. 다만 감정을 고려한 이성적인 결정을 위해서는 '협상'이 필요합니다.

상징적인 장면을 함께 떠올려볼까요? 이것은 정신 분석 치료를 주창한 지그문트 프로이트Sigmund Freud가 즐겨 쓰던 것으로, 우선 '현명한 선택자'는 마차에 탄 마부입니다. 그리고 이 마부에게는 두 마리 말이 있는데, 한 말은 아주 야생적이고 거친 녀석이라 어디로 튈지 모릅니다. 이 말의 이름을 '감정'이라고 부르겠습니다(프로이트는 이 말을 인간의 본능적 욕구를 대변하는 '원초아id'라고 했지만 이 장의 상황에 맞게 바꾸었습니다). 나머지 한 말은 포악하진 않지만 융통성이 부족해서 조금이라도 수상해 보이는 길로는 절대 가지 않으려고 하는데, 이 말이 바로 '이성'입니다(프로이트는 이 말을 엄격한 도덕 규범에 따라 살 것을 요구하는 '초자아superego'라고 하였습니다).

마부의 목표는 마차를 타고 현명한 길을 안전히 가는 것입니다. 이를 위해서는 '감정' 말을 살살 달래주어야 합니다. 말을 잘 듣지 않는다고 없애버린다면 한 마리 말이 끄는 마차로 원하는 만큼 멀리 가기 힘들 테니까요. 마찬가지로 융통성 없는 '이성' 말에게는 때론 수상한 길도 걸을 수 있도록 융통성을 길러주어야 합니다. 이러한 작업을 통해 '감정' 말과 '이성' 말이 친해질 수 있다면 발 맞춰 마차를 끄는 데 가장 효과적일 겁니다. 내 마음속 두 마리 말과 지속적으로 소통한다면 더 오래, 더 멀리까지 달릴 수 있게 되죠.

심상(心象)을 이용하는 것이 도움 되지 않았다면 구체적인 행동을 시도해볼 수 있습니다. 예를 들어 선택을 내리기 어려울 때, 각 선택지에 대한 근거를 직접 손으로 작성해보는 것도 도움이 됩니다. 혹은 친구에게 내가 왜 이런 선택을 내리고자 하는지 설득해야 하는 상황이라고 가정하고 글을 써내려 가보는 것도 좋습니다. 스스로의 결정을 뒷받침하는 준거 찾기 연습에 익숙해지면, 얼마든지 충동적인 결정에서 체계적인 결정으로 변화시킬 수 있습니다.[62]

또 처음 고민했던 것을 벗어나 선택지 자체를 넓히는 것도 방법입니다. 우리는 하나의 선택을 놓고 '할까 말까' 망설일 때 더더욱 감정에 치우친 결정을 내리기 쉽습니다. 한 연구에 의하면, 사람들은 여러 대안을 놓고 비교할 때 이성적인 결정을 내리는 경우가 많고, 하나의 방법에 대해 개별적으로 평가할 때는 마음을 따르는 경우가 더욱 많다고 합니다.[63]

다이어트 상황을 예로 상상해볼까요? 야식을 '먹을까 말까'라는 단일한 선택을 놓고 고민할 때, 다이어터는 떡볶이를 간절히 바라는 마음의 부름을 따라 덜컥 야식을 주문해버리기 쉽습니다. 하지만 야식을 먹을지, 숙면을 위한 스트레칭 동영상을 볼지(혹은 보다가 내키면 조금 따라할지), 허브차를 한 잔 마실지 등 여러 대안을 놓고 겨루다 보면, 그 사이에서 보다 바람직한 방안을 택할 가능성이 높아집니다.

감정의 특징은 빠르고 강력하다는 것입니다. 이성과 논리는 늘 한 발 느리죠. 그래서 시간이 필요합니다. 배달 어플을 뒤척이던 핸드폰을 잠시 내려놓고 여러 대안을 떠올려 비교해보는 사이에, 야식에 대한 충동은 수그러들 수 있습니다. 충동대로 야식을 먹는다면 즉시적인 만족을 얻겠지만, 충동을 이겨낼 만한 대안들을 떠올려 장단점을 따져보면 각각 어떤 결과를 가지고 올지 쉽게 예상할 수 있죠. 충동을 몰고 빠르게 덮치는 감정 앞에서 잠시 멈춰 시간을 벌 수 있다면, 한 발 늦게 도착한 이성과 손잡고 '해야 할 일'을 선택하는 빈도가 많아집니다.[64]

현명한 선택은 감정과 이성의 협상을 통해 이끌어낼 수 있는 것입니다. 칭찬과 인정이라는 강화물에 휘둘리지 않고 선택을 내리기 위해서는 감정이 행동을 덮치기 전에 잠시 멈춰 내가 택할 수 있는 다양한 대안들을 살펴보세요. 그중 가장 적당한 '중간 녀석'이 있을 겁니다. 장기적인 목표 달성을 위해

해야 할 일을 하면서도 감정이 바라는 바를 묵살하지 않는 방
안이 가장 현명한 선택지입니다.

Chapter 5.

다른 사람은
필요 없어,

오로지
너 하나만

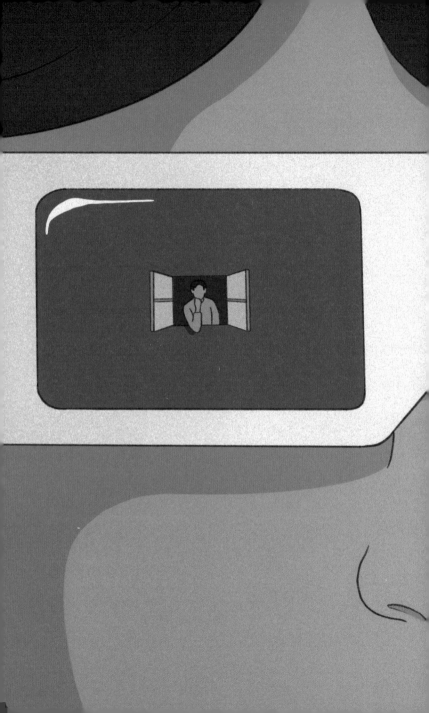

지금까지 우리는 인정 욕구의 원인과 여러 기능, 그리고 일상에 끼치는 영향력을 살펴봤는데요, 이제부터는 좀 더 특별한 관계 속에서의 인정 욕구에 대해 이야기하려 합니다.

가깝고 소중한 누군가에게 칭찬과 인정을 받는 경험은 우리에게 정말 중요하고 특별합니다. 어머니, 아버지 또는 사랑하는 연인, 친한 친구 등 친밀한 관계 대상이 주는 인정은 우리가 건강하고 행복한 삶을 살아가게 하는 좋은 자양분이 되죠. 하지만 인정 욕구가 지나쳐 승인 욕구로 변질되면 삶이 피곤해집니다. 때론 상대에게 최고의 모습만 보여주려고 애쓰다가, 때론 내가 기대한 만큼 반응해주지 않는 상대에게 실망해서, 그렇게 우리는 지쳐 나가떨어지곤 합니다.

그래서 5장에서 7장까지는 나와 가장 가까운 주변 사람들과의 관계 속에서 나타나는 인정 욕구를 살펴보고, 애착 이론을 기반으로 그 이유와 대처 방법을 소개하고자 합니다.

"너에게
늘 확인받고 싶어"

'도대체, 카톡을 보낸 지가 언젠데 읽지도 않고 있는 거야?', '어라, 읽었잖아. 근데 왜 답장이 없지?' 오로지 그 사람의 반응에 신경 쓰느라 오늘도 소미 씨는 일이 손에 잡히지 않습니다.

소미 씨는 아침에 눈을 뜨면 누가 먼저 메시지를 보낼지 신경전을 펼칩니다. 신경전이라고 하면 싸우는 상대가 있어야 하지만, 실상은 소미 씨 혼자 벌이는 싸움이죠. 참다못한 소미 씨가 한 발 물러서 메시지를 먼저 보냈는데도, 답장이 곧장 오지 않습니다. '이상하다. 아직 안 일어난 건가? 아침부터 중요한 일이 있나? 중요한 일이라니, 내가 모르는 중요한 일이 있다고??' 생각에 생각이 꼬리를 물던 그때, 드디어 '깨똑' 소리가 들립니다. 순식간에 화가 사그라들면서 모든 걸 다 용서해줄 것 같은 따뜻한 마음이 마구 샘솟지만, 성의 없어 보이는 짧은 단답형 답장을 보는 순간 다시금 화가 치밀어 오릅니다. 어제 있었던 일로 감사 인사를 하려고 장문의 메시지를 보냈는데, 이에 대한 답이 고작 '그래, 출근 잘해'라니…. 이런 일이 반복될수록 소미 씨는 자신이 그 사람을 생각하고 소중히 여기는 것만큼, 그 사람도 과연 나를 좋아하고 있는 건지 심란해집니다.

우리는 주변에서 소미 씨와 비슷한 사람들을 쉽게 볼 수 있습니다. 연락 횟수부터 문자 길이, 이모티콘까지, 하나하나 따져가며 애정이 식었는지 아닌지를 고민하는 사람들 말입니다. 도대체 왜 소미 씨는 이렇게 상대의 일거수일투족을 살피며 얼핏 집착하는 모습을 보이는 걸까요?

영국의 정신 의학자 존 볼비John Bowlby는 사랑받고자 하는 욕구가 인간의 가장 기본적인 정서적 욕구라 말합니다. 이게 바로 '애착attachment'이란 개념인데요, 어딘가 안전하게 소속되어 있고, 내가 진정 소중한 사람이라는 느낌을 갖는 것을 의미합니다.

애착 연구자들은 성인기 애착을 '애착 불안attachment anxiety' 과 '애착 회피attachment avoidance', 이렇게 두 차원dimension으로 구분하고, 우리 마음 안에 이 두 차원이 공존한다고 설명합니다.[65] 이중 애착 불안은 거절당하고 버림받는 것이 두려워 관계에 지나치게 몰두하는 차원인데, 소미 씨가 바로 애착 불안이 상대적으로 높은 사람의 특성을 보여주는 경우입니다.

애착 불안이 상대적으로 높은 사람들은 상대의 긍정적 반응을 통해 상대가 나를 소중하게 여긴다는 애정을 확인받고 싶어 합니다. 반면 자신이 기대한 반응을 상대로부터 흡족하게 얻지 못할 때는 쉽게 상처를 받곤 하죠. 소미 씨는 연인을 생각하며 살뜰하게 챙겼지만 어느 순간 자신이 베푼 만큼 돌아오지 않는다고 느끼자 상처받게 된 경우입니다. 사실 소미 씨는 연인에게 감사 인사를 전하면서, 상대도 고맙다는 말을 해주기를 내심 기대하고 있었습니다. 감사의 표현이란 곧 인정하는 말입니다. 고맙다는 말, 그 애정 어린 칭찬 한 마디를 목매어 기다렸는데 원하는 대로 답이 오지 않으니 서운함과 화가 폭발한 것이죠.

내 안경에 덧씌워진
빨간 셀로판지

삶에서 어떤 장애물을 마주하거나 고통을 느낄 때 우리는 자신과 가장 가깝다고 생각되는 애착 대상에게 다가가게 됩니다. 우리의 첫 애착 대상은 우리를 키워준 주 양육자이고, 이후 성장하면서 또래나 선생님, 연인 등으로 점차 확대되어가죠.

무엇이든 첫 경험이 중요하듯, 안정된 애착을 형성하는 것도 어린 시절 주 양육자와의 경험이 상당히 중요합니다. 이때 양육자와의 상호 작용을 통해, 사람들과의 관계에서 가깝고 멀리해야 할 규칙들을 머리로만이 아니라 몸소 익히게 되기 때문입니다.

애착 불안이 상대적으로 높은 사람들은 자신에게 언제 닥칠지 모르는 위협에 대비하기 위해 항상 경계하며 준비하는 특성을 보입니다." 작고 사소한 위협에 대해서도 실제보다 더 크게 느끼고 평가하죠. 이는 자신의 안경에 빨간 셀로판지를 붙이고 세상을 바라보는 것과 같습니다.

이들은 세상을 투명하게 보지 못하기 때문에, 위협이 임박한 듯 공습경보를 꽤 자주 울립니다. 다른 사람들이 경계경보 정도를 울릴 때에도 이들은 공습경보를 곧바로 울리죠. 혹시 주변에 경계경보를 생략한 채 공습경보를 빈번히 울리는 사람이 있다면, 그 사람은 온통 세상이 불이 난 듯 빨갛게 보여서 정말로 위험하다고 느끼고 있는 상태일 수 있습니다. 이처럼 위협에 대한 예민성이 높고 과한 평가를 하기 때문에, 이들이 느끼는 심리적 고통 또한 강렬하며 이를 강하게 표현할 수밖에 없습니다.

'내가 생각하고 표현하는 것만큼 왜 상대는 내게 그렇게 해주지 않을까?' 소미 씨처럼 애착 불안이 높은 경우는 애착 대상으로부터 인정 욕구가 충분히 만족되지 않는 것, 그 자체가 '위협'이 됩니다. 왜냐하면 내게 소중한 그 사람의 칭찬과 인정, 그것에 대한 확인이 있어야 자신이 비로소 소중한 존재라는 것을 믿을 수 있기 때문이죠.

내가 원할 때
원하는 만큼

소미 씨에게도 나름의 사연이 있습니다. 소미 씨의 부모님은 맞벌이 부부였기 때문에, 어린 소미 씨를 살뜰히 챙기기가 힘들었습니다. 소미 씨를 돌봐주는 분이 있었지만, 필요할 때 항상 함께하긴 어려웠고 속속들이 필요한 물품이나 학교 준비물을 챙기는 것까지 기대할 수는 없었죠. 결국, 엄마나 아빠를 만나야 해결될 수 있는 것들인데, 소미 씨가 부모님에게 이야기하지 않으면, 아니 외치지 않으면, 먼저 챙겨줄 겨를은 없는 듯 보였습니다. 가끔은 소미 씨가 필요로 하는 것들을 즉각 들어주었지만, 또 어떨 땐 다음으로 미루거나 아예 잊어버리고선 도리어 소미 씨에게 짜증을 내는 식이었으니까요. 어린 소미 씨는 어떻게 하면 자신이 원하는 것을 얻을 수 있는지, 또 어떻게 하면 자신의 요구가 거절당하거나 부모님이 짜증을 내게 되는지 도무지 종잡을 수가 없었습니다.

이런 혼란이 거듭되면서 소미 씨는 부모님이 기분 좋을 때가 언제인지 살피기 시작했습니다. 그래서 알아낸 한 가지 요령은 자신이 원하는 것이 정말 시급하고 너무 중요하다고 소리 높여 알리는 거였죠. 그 방법은 꽤 쏠쏠히 잘 먹혔습니다. 그래서 소미 씨는 이 유용한 전략을 친구들에게도, 지금 만나고 있는 연인에게도 계속해서 사용 중입니다. 다른 건 몰라도, 이것 하나는 원하는 걸 얻는 데 효과적인 방법이라고 믿으니까요.

소미 씨뿐만 아니라 특정한 누군가에게 인정받고 싶은 욕구가 강한 사람들은 대개 이와 유사한 어린 시절 경험을 반복해왔을 가능성이 높습니다. 주 양육자에게 돌봄받은 경험이 있긴 하지만 그 돌봄은 '소미 씨가' 필요로 할 때 '소미 씨가' 원하는 방식으로 '소미 씨가' 원하는 만큼 주어지지는 않았죠. 다시 말해, '양육자가' 시간이 되고 여력이 될 때 '양육자의' 생각에 필요하다 싶은 것을 '양육자가' 해주고 싶은 만큼 제공했다는 것입니다.

그 결과, 애착 대상에게 다가가 내가 원하는 걸 요청할 수 있다는 생각은 갖고 있지만, 애착 대상이 안정적으로 존재한다는 느낌은 지니지 못합니다. 오롯이 양육자 입장에서 제공한 돌봄을 받았고 그 돌봄에 일관성이 없었기 때문입니다. 그래서 애착 대상으로부터 보다 안정적으로 돌봄, 관심, 애정을 받을 때까지 지속적이고 강렬하게 노력하는 것이죠." 예를 들어, 내가 원하는 욕구를 배불리 채워줄 때까지 양육자에게 매달리고 울며 떼쓰기를 반복적으로 하게 됩니다. 또는 양육자의 마음에 들기 위한 예쁜 행동(예: 방청소 해놓기)이나 양육자의 바람에 부응하는 행동(예: 공부 잘하기)을 계속해서 지속하려 애쓰게 됩니다.

사실 우리가 경험한 돌봄, 관심, 애정은 너무나 기본적이면서 동시에 너무나 달콤한 것이어서 경험하면 할수록 더 갖고 싶은 것이기도 합니다. 당연히 채워져야 할 필수 욕구들이 찔끔찔끔 충족되니 애가 닳을 수밖에요.

　이때 애착 불안이 상대적으로 높은 사람들은 소미 씨처럼 필요한 돌봄, 관심, 애정을 자신이 크게 외쳐 획득한 것이라고 착각하곤 합니다. 그러나 가만히 살펴보면, 이들이 필요할 때 애착 대상에게 가까이 다가갈 수 있는가 또는 이들에게 필요한 욕구를 애착 대상이 충분히 채워줄 수 있는가는 자신이 아닌 상대방에게 달려있음을 알 수 있습니다. 정말로 소미 씨가 자신이 필요한 욕구들을 자신의 외침으로 충분히 획득할 수 있었다면, 그토록 상대방에게 인정받는 데 매달리지는 않았을 테죠. 내가 그 사람을 생각하는 것만큼 그 사람도 날 소중하게 생각할지를 걱정하지는 않을 겁니다.

자꾸만 출렁이는
자존감

한 사람이 성장하고 발전하는 데 기본적인 필수 영양분을 공급받는 일에서조차 자기 자신이 아닌 상대방에 의해 조절되고 통제되는 경험의 축적은, 자신도 모르는 사이 자신을 무능한 존재로 바라보게 만듭니다. 심리학자 킴 바르톨로뮤^{Kim} Bartholomew와 레오나르드 호로비츠^{Leonard Horowitz}는 연구를 통해, 애착 불안이 높은 사람들은 자신이 사랑과 보호를 받을만한 가치가 있는 존재인가를 의미하는 '자기 표상^{model of self}'의 차원에서는 부정적이지만, 타인이 자신에게 사랑과 보호를 제공해주는 신뢰할 만한 존재인가 여부를 의미하는 '타인 표상 model of other'의 차원에서는 긍정적으로 보고하는 특징이 있음을 밝혔습니다.[68] '표상'이라는 단어가 다소 어렵게 느껴지지만 쉽게 설명하면, 자신과 타인을 바라보는 인식의 구조, 즉 나와 다른 사람에 대한 형상과 관련 기억이라고 할 수 있어요. 예를 들어, 맛있는 사과를 떠올려보라고 했을 때 누군가는 빨간 홍로를, 다른 누군가는 푸른 아오리를 떠올릴 수 있죠. 어떤 사과를 언제, 얼마나 자주, 또 어떤 상황에서 누구와 함께 먹었느냐에 따라 사람마다 '맛있는 사과'를 다르게 생각하는 것입니다. 마찬가지로 자신과 타인에 대해서도 어떤 사람과 어떤 애착 경험을 했느냐에 따라 긍정적이거나 부정적이 될 수 있습니다.

일관성이 없는 양육자의 돌봄을 반복적으로 경험하게 되면, 나는 영향력이 미미한 무기력한 존재로, 다른 사람은 상당한 힘과 권력을 지닌 존재로 바라보게 됩니다. 그래서 특정 애착 대상의 지속적인 인정에 의존하게 되고, 그 사람의 인정에 지나치게 민감해집니다. 그 사람이 칭찬과 애정을 줄 때면 하늘을 나는 듯 기분이 좋고, 그 사람이 나를 조금이라도 부정적으로 대하거나 작은 거절 신호라도 보내게 되면, 이 관계를 그만두어야 되나 고민할 만큼 기분이 나빠지기도 합니다. 세상 그 어떤 누구도 신이 아닌 이상, 사람이라면 그렇게 무한한 애정을 주는 것이 불가능하니, 결과적으로 이들의 자존감은 상대의 반응에 따라 출렁거릴 수밖에 없습니다.

주희 씨는 새 옷을 사는 것이 스트레스입니다. 자신에게 잘 어울리는 옷을 합리적인 가격에 사려면 여러 매장을 다니며 입어봐야 하고, 또 예뻐 보이는지 계속 사람들에게 물어봐야 하니 피곤해서요. 기껏 힘들게 구매를 하고 나서도, 새 옷을 입고 남자친구를 만나러 갔을 때, 남자친구의 반응이 미지근하면 마음이 금세 불안해집니다. 남자친구에게도 끊임없이 질문을 던지죠. "나 어때? 잘 어울리는 것 같아? 색깔은? 이 스타일 말고, 다른 것도 괜찮았는데… 그걸 살 걸 그랬나?" 자꾸 묻다 보면, 남자친구는 점점 더 시큰둥해지고 주희 씨는 점점 더 우울해집니다. 이미 옷은 샀고, 입고 나왔으니 교환할 수도 없는데, 왜 자꾸 너의 선택을 못 믿느냐고 남자친구가 핀잔이라도 하면 정말 기분이 최악입니다. 옷 하나 사는 것도 이렇게 확신을 갖지 못하는 자신이 너무 바보 같습니다.

자신이 얼마나 사랑스럽고 가치 있는 존재인지에 대해 이미 확인을 받았음에도 불구하고, 끊임없이 과도하게 확신을 얻고자 애쓰는 행동은 애착 불안 수준이 높은 사람들을 더 우울하게 만듭니다.[69] 또한 이들은 연인으로부터 부정적인 피드백을 받았을 때 상대적으로 더 많은 부정적인 기분을 보고하였을 뿐만 아니라, 자기 효능감 역시 한층 더 낮아지는 결과를 보여주었습니다.[70]

부정적인 피드백을
거절의 신호로

애착 불안 수준이 높고 인정 추구 성향이 과도한 사람들은 상대방으로부터 어떤 반응이든(부정적이든 긍정적이든) 받는 것 그 자체를 선호하면서도, 다른 한편으로는 상대방의 피드백(특히, 부정적 피드백)을 자신에 대한 평가나 거절, 또는 버림의 신호로 해석하곤 합니다.[71] 결과적으로 피드백에 대해 부정적인 반응을 보이게 되죠. 또한 이들은 사건을 보다 더 위중하고 위협적인 것으로 평가하기 때문에, 스트레스 상황에 처할 경우 상대방에게 과장되거나 지나치게 빈번히 감정을 표현합니다.[72] 애착의 안전성이 확보될 때까지 지속적이고 강렬하게 상대방에게 의존하기 때문에, 오히려 관계가 악화될 가능성이 높아지지요."

앞서 주희 씨의 사례를 예로 들면, 주희 씨는 매장에서 옷을 골라 입어봤을 때 자신이 어때 보이는지를 계속 확인합니다. 그것이 부정적이든 긍정적이든, 피드백을 해주는 것 자체를 '관심'으로 여기고, 무반응보다는 어떤 반응이라도 표현해주길 선호하죠. 그런데 막상 주변 사람들에게서, 어떤 것을 입었을 땐 예쁘고 어떤 것을 입었을 땐 별로라는 피드백을 받으면 어떨까요? 주희 씨는 이를 자신에 대한 '평가'라고 확대해버리고, 피드백을 받길 원했지만 '받고 나니 기분 나쁜' 그런 상태에 놓이게 됩니다. 게다가 남자친구가 주희 씨에게, 이번에 산 옷은 네게 잘 어울리지 않는다고 부정적인 피드백을 줬다면 '이 사람이 날 별로라고 생각하는구나, 이젠 날 좋아하지 않는구나'라고 생각이 뻗어나가게 되죠. 어쩌면 누군가에게는 별일 아닌 이 상황이, 주희 씨에게는 자신과 관계에 대한 위협으로 여겨지기 때문입니다.

자기검증self-verification 가설에 따르면, 특별히 낮은 자존감으로 고통받는 사람들의 경우, 자신에 대한 부정적인 정보에 더 개방적이라고 합니다.[74] 자신을 긍정적으로 평가하는 단서나 정보는 흘려버리고, 부정적으로 평가하는 단서나 정보에 더 주의를 기울여 더 많이 받아들인다는 것이죠. 애착 불안이 높고 인정 욕구나 승인 욕구를 과도하게 채우려는 사람들 사이에서 흔히 볼 수 있는 일입니다. 자신을 취약하고 연약한 존재로 인식하는 핵심 감각이 이를 증명해줄 수 있는 정보만을 선택적으로 더 크고 분명히 보도록 이끈다는 이야기입니다.

내가 원하는 돌봄, 관심, 애정을 언제 충족시킬 수 있을지 모르는 상황에서는 늘 배고픔의 상태를 유지하며 레이더망을 가동하고 있는 것이 쉬운 방법일 수 있습니다. 즉, 주의와 관심이 요구되는 정서(예: 불안, 두려움, 질투, 분노, 슬픔 등)를 강화시키거나 자신의 취약성이나 욕구를 과장되게 또는 암시적으로 드러내는 전략이 상당히 유용했을 겁니다. 하지만 이런 전략만 계속해서 사용하거나 특정한 누군가와의 관계에서 오랜 시간 반복한다면, 아마 상대는 지쳐서 결국에는 내가 가장 두려워하는 '버려두고 떠나기'를 선택할지 모릅니다. 나도 이런 내가 질리는 것처럼 말이죠.

말하지 않아도
알아채기를

애착 불안이 높고 특정 누군가에게 인정받고 싶은 욕구가 강한 사람들은 자신의 취약성이나 욕구를 크게 많이 드러

넘으로써 상대의 신뢰를 잃기도 합니다. "엥? 그럴 정도로 힘든 일인가?", "쟤, 또 오버한다~ 엄살부리긴." 등의 반응이 나오기도 하지요. 다소 과장된 표현이 나를 좀 바라봐주길 바라는 간절함으로 전달되지 않고, 오히려 상대가 가볍게 지나치도록 만드는 것입니다.

때론 내가 바라는 것들을 상대가 알아서 눈치채주길 바라는 마음으로 미묘하게 드러냄으로써, 상대가 제대로 파악하지 못하고 지나치게 만들기도 합니다. 흥미로운 실험이 하나 있습니다. 작별 인사를 하는 연인들의 모습을 관찰하기도 하고[75], 연인끼리 자신의 개인적인 문제를 진지하게 털어놓는 상황에서 어떻게 행동하는지를 기록한 결과[76], 흥미롭게도 애착 불안이 높고 특정 누군가에 대한 인정 욕구가 강한 사람들은 울거나 끙끙거리거나 찡그리는 표정을 짓는 등 직접적인 말로 소통하기보다는 비언어적인 고통의 신호를 더 자주 보내는 것으로 나타났다고 합니다. '어떤 일이 있었는데, 나는 그 일을 어떻게 생각하고, 그래서 지금 내 기분은 이래'라고 말로 설명하는 것이 아니라, 아이같이 칭얼거리고 짜증내면서 상대가 적당히 알아서 잘해주길 바란다는 것이죠. 어른이 되었지만 어쩌면 내면의 상태는 언어를 배우기 이전 단계, 즉 유아기에 멈춘 건지도 모릅니다.

내 마음을 헤아려달라는 신호를 적절한 정도로 분명하게

언어로 표현하지 않는 것은, 도움을 주려고 하는 상대로 하여금 혼란을 주고, 자신이 필요로 하는 것을 제대로 얻지 못하는 실망스러운 결과를 낳게 됩니다. 눈물, 찡얼거림, 뿌루퉁한 표정 등 비언어적인 표현은 바라보는 사람에 따라 각자 나름의 맥락으로 짐작할 수밖에 없기 때문이지요. 나도 잘 모르고 적절히 표현할 수 없는 내 마음을, 상대가 완벽히 알아주는 것은 불가능한 일입니다. 소중한 관계일수록, 이 사람과의 관계에서 내가 원하는 것이 무엇인지를 분명히 알고, 내가 원하는 것을 적절한 정도로 분명하게 말로 표현해야 합니다.

내가 나의 가치를 인정하지 못하고 누군가에게 인정과 승인을 받으려 이리저리 애쓰다 보면 필연적으로 '진짜 나'와 멀어지게 됩니다. 사람의 입맛은 각기 다른데 누군가의 입맛에 맞추려고 하다 보면, 나만의 차별화된 독특성을 되레 잃어버리게 되죠. 게다가 이런 모습은 오히려 솔직하지 않게 비춰져 사람들과 멀어지게 만들 수 있습니다." 그저 사랑받고 싶었던 것뿐인데, 관계에서 거절을 경험하는 애석한 일이 발생합니다.

더 이상 조건에
구애받지 않는 나를 위해

우리가 분명히 알아야 할 사실은, 이제는 이러한 주의 끌기 전략이 더 이상 내게 그리고 오랫동안 함께하고 싶은 소중한 사람과의 관계에 도움이 되지 않는다는 것입니다. 돌봄, 관심, 애정을 받기 위해 어쩌면 애처롭게 그리고 너무나 열심히 애썼던 방법을 내려놓을 때가 됐습니다. 그 사람의 마음에 들기 위해 예쁘거나 멋져야 했고, 하는 일이 무엇이든 높은 성취를 보여야 했고, 화를 참으며 늘 착하게 대해야 하는 등 끊임없이 나 자신보다는 상대의 마음에 들기 위해 해왔던 다양한 노력에서 이제 벗어나야 합니다.

예전의 그 관계에서는 언제 닥칠지 모르는 위협에 대비하고 항상 경계하며 준비하는 애씀이 필요했을지 모릅니다. 그렇지만 새로운 사람들과 새로운 방식으로 관계를 맺으며 다른 삶을 살아보길 원한다면, 현재의 나는 내 안경에 덧씌워진 빨간 셀로판지를 떼어내기로 '선택'할 수 있습니다.

갑작스레 투명한 안경으로 세상을 바라보는 것이 어색하고 낯설어 다시 익숙한 빨간 안경을 쓰고 싶어질지 모릅니다. 한 번에 떼어내기 어려우면 조금씩 천천히 해도 되니, 다음의 질문을 계속 나에게 던져보세요.

- 나는 지금 마주하고 있는 이 사람을 있는 그대로 보고 있을까?
- 이 사람이 나에게 주는 돌봄, 관심, 애정은 어떤 모습일까?
- 혹시 나와 진정으로 마주하고, 사랑하고 싶어 애쓰는 이 사람의 노력을 '그건 아니야'라며 거절하고 있지는 않을까?

맑은 투명 안경으로 세상을 바라봐도 안전하다는 것을 마음으로 깨닫게 되면, 이 안경으로 보는 세상은 어제와 다른 세상이 됩니다.

'충분히 기능하는 사람a fully functioning person'은 외부의 조건적 요구에 구애받지 않고 매 순간 자신이 무엇을 느끼고 원하는지 알아차릴 수 있습니다.[78] 자신이 무엇을 경험하든 그것에 대한 생각과 느낌, 판단을 신뢰할 수 있지요. 많은 이들이 '만약 ~하면, 난 괜찮은 사람', '만약 ~하지 않으면, 난 별로인 사람'과 같이 조건과 제약에 얽매여 살고 있는데, 자신을 신뢰하는 사람은 있는 그대로의 자신을 '이만하면 괜찮아'라고 인정할 줄 압니다. 인정과 사랑을 받기 위해 조건에 맞춰 행동하는 데 익숙해지면, 삶의 주인으로서 만족을 느끼지 못하기 때문에 행복은 점점 멀어질 수밖에 없죠. 그러니 이제는 나에게 집중해서 내 안의 맑은 목소리에 귀를 기울여 보세요.

특정 누군가에게
인정받고 싶은 욕구가
강한 사람들은
그 사람의 인정에
의존한 나머지
지나치게 민감해진다.
그 결과 이들의 자존감은
상대의 반응에 따라
출렁거린다.

Chapter 6.

당신은
딱 거기까지,

이 선을
넘지
마세요

주변 사람들에 대해 심리적 등급을 나누고 그에 맞춰 적당히 선 긋기를 하는 사람들이 점차 늘고 있습니다. '적당한 거리 두기'라는 말이 유행하듯, 나의 정신 건강을 위해서 심리적 경계선을 나누고, 그에 맞춰 인간관계를 맺겠다는 것이죠. 그런데 종종 심리적 경계선 밖에 있는 사람들을 향해, '예의'로 표현되던 기본적인 교류조차 꺼리는 모습들을 보게 됩니다. 물론 경계선 안에 있는 소수 사람들과는 잘 교류하며 지내지만, 그조차 일정한 선이 있는 경우가 많죠.

겉으로 보기엔 남들의 인정에 얽매이지 않고 쿨하게 살아가는 것처럼 보일지 모릅니다. 하지만 실상은 어떨까요? 소수 정예를 부르짖지만 하나둘씩 멀어져 남은 이가 별로 없고, 문득 외로움을 느끼지만 그것이 외로움인지조차 모릅니다. 그래서 이 장에서는 사람들로부터 거리 두기를 선택한 이들의 속마음을 좀 더 들여다보려 합니다.

"내게 너무 가까이
오지 마세요"

재희 씨는 밤늦도록 전화를 붙들고 끊지 않는 친구 때문에 어제도 제 시간에 잘 수가 없었습니다. 아침 운동을 시작하기로 마음을 먹었기에 피곤함을 참고 일어나긴 했지만, 속으로는 살짝 짜증이 치밀었죠.

재희 씨는 이런 일들이 잘 이해가 되지 않습니다. 학교 가면 만날 텐데, 굳이 전화나 카톡으로 안부를 확인해야 하는지 말이죠. 연인과도, 친구들과도 그런 사소한(?) 연락을 자주 주고받지 않으면 뭔가 관계 전선에 이상 신호가 오곤 했습니다. 그러다 자연히 멀어진 관계도 한둘이 아니었죠.

도대체 왜 그리 연락에 집착하는 건지 알 수가 없습니다. 각자 할 일 잘하고, 필요할 때 이따금 만나면 되지 않을까 싶거든요. 재희 씨는 굳이 애써 자신에 대해 이야기하거나 상대에게 이런저런 질문을 던지지 않는 편입니다. 지금 같이 즐겁게 이야기하고 놀면 되지, 상대의 개인사가 뭐 그리 궁금하냐는 거죠.

재희 씨에게 혼자 하는 일은 그리 어렵지 않습니다. 오히려 누군가와 함께하는 일이 큰 숙제죠. 수강 신청을 할 때도 조별 과제가 있는 수업만은 가능한 피했고, 피할 수 없는 조별 과제는 가능한 각자 할 일을 정확히 나누고 알아서 하는 방식을 택했습니다. 앞으로도 이렇게 선을 그으며 살아가도 되나 걱정이 될 때도 있지만, 가급적 신경 쓰지 않으려 애씁니다. 내 진심을 주고 열심히 공을 들여도, 결국 내게서 멀어질 테니 내 할 일이나 잘하자 싶기도 하고요.

한 가지 재희 씨가 오해하고 있는 게 있습니다. 심리적으로 가깝게 있으면서 안전하다는 느낌을 가지려 하는 것은, 나약한 사람이나 찾는 의존성이 아니라 죽기 전까지 지속되는 모든 인간의 기본 욕구라는 사실입니다.[79] 이에 비춰보면 겉으로는 쿨한 척하지만 사람들이 내 곁을 떠날 것을 미리 대비하는(내심 걱정하는) 재희 씨 역시 기본 욕구에 충실한 보통 사람일 뿐입니다.

사람들 관계에서의 심리적 거리에 초점을 두고 설명하는 이론이 애착 이론이기도 합니다. 앞장에서 설명하였듯 '애착 불안'과 '애착 회피'의 두 차원이 우리 마음 안에 공존하는데, 이중 애착 회피는 거절당하는 것을 애초에 차단하기 위해 친밀해지는 것을 꺼리거나 거리를 두는 형태입니다.[80] 재희 씨는 애착 회피가 상대적으로 높은 사람의 특성을 보여주고 있죠.

애착 회피가 상대적으로 높은 사람들은 긍정적이든 부정적이든 상대방의 반응에 별로 가치를 부여하지 않고, 관심을 덜 갖는 경향이 있습니다.[81] 얼핏 보기에 사람들에게 인정을 받는 것에 초연해 보이기까지 합니다. 재희 씨는 잦은 연락을 부담스러워하고, 자신만을 위한 시간과 공간을 마련하기 위해 부단히 애씁니다. 재희 씨는 물리적, 심리적 거리를 가장 가깝도록 허락한 연인에게조차 부담스러움을 느끼는데, 이는 누군가 지나치게 다가오면 내가 없어질 것 같은 불안, 즉 자신의 정체성을 상실할지도 모른다는 두려움을 느끼기 때문입니다.[82] 이런 두려움을 감당하기가 어려워서 아예 느끼지 않으려고 하다 보니, 이젠 감정을 느끼고 표현하는 것 자체가 어색해진 것이죠. 사람들이 가까이 오지 못하도록 그리고 내재된 불안과 두려움에 휩쓸리지 않도록, 늘 단속하는 재희 씨의 삶도 참 고단해 보입니다.

검정 선글라스를 끼고 세상 보기

자신의 안경에 빨간 셀로판지를 붙인 채 공습경보를 울리던 애착 불안이 높은 사람들과 달리, 애착 회피가 높은 사람들은 짙은 검정 선글라스를 끼고 주변으로부터 한 발짝 물러서 있는 모습을 보입니다. 그래서 이들에게 비춰진 세상 빛깔은 모노톤입니다. 기뻐야 할 때나 슬퍼야 할 때에도 별 미동 없이 묵묵히 자기 할 일을 하는 이들은, 때때로 감정이 없는 로봇처럼 보인다는 말을 듣기도 하죠. 이들이 심리적 고통을 제거하기 위해 노력한 결과는 감정을 느끼고 표현할 수 있는 일반적인 상황에서도 철저히 통제하는 결과를 낳았습니다.

애착 회피 수준이 높은 사람들도 처음에는 애착 대상으로부터 인정과 사랑을 받고 싶었을 것이고, 그러한 기본 욕구를 충족시키기 위해 애착 대상에게 가까이 다가가려 했을 것입니다. 그러나 반복적으로 경험한 애착 대상에게로의 '근접성 추구proximity seeking 실패'는, 이들이 다시는 자신에게 필요한 중요한 것들을 다른 누군가에게 요구하지도 기대하지도 않겠다는 서약을 하게 만들었습니다.[83] 자신의 존재 가치를 다른 사람의 인정이나 승인에서 구하려는 마음이 완전히 사라진 것이죠.

재희 씨 역시 마찬가지입니다. 어린 시절 재희 씨 곁에는 늘 할머니와 어머니가 계셨지만 함께 있다는 느낌이 들지 않았습니다. 재희 씨의 어머니는 심한 고부갈등으로 마음 편할 날이 없었고, 할머니는 어머니뿐만 아니라 재희 씨에게도 냉정했죠. 아버지는 갈등의 소용돌이에서 빠져나가길 택한 듯, 뒷짐 지고 멀찍이 서계셨고 집에서 가족들과 함께하는 시간을 최소화했습니다. 재희 씨는 할머니, 어머니 그리고 아버지 어느 누구에게도 따뜻하고 애정 어린 보살핌을 받기가 어려웠습니다. 어머니의 치맛자락을 손에 꼭 쥔 채 늘 놓지 않으려고 애썼던 때가 분명 있었지만, 재희 씨가 '나 한 번만 바라봐 달라'고 아무리 이야기하고 울고 화내도 아무 소용이 없다는 것을 깨닫게 된 그때부터 모든 기대를 접었습니다.

특히 재희 씨의 어머니는 시어머니에게 받은 무시와 모욕을 때때로 재희 씨를 통제하는 방식으로 해소하는 듯했습니다. 어머니의 허락 없이는 무엇 하나 하기가 어려웠는데, 방문조차 마음대로 닫아놓을 수가 없었죠. 고통스러워하던 재희 씨는 어느 순간 어머니와 선을 긋고 단절하기 시작했습니다. 재희 씨는 이러한 환경에서 가장 잘 버틸 수 있는 단순하고 강력한 방법, 그리고 자신의 가치를 스스로 보호하고 지키기 위해 할 수 있는 유일한 방법은 '단절'밖에 없다고 믿었습니다.

결국은 내게서
멀어질 사람이니까

재희 씨뿐만 아니라 누군가의 인정이나 승인에 무관심한 듯, 딱 거기까지만 허락하는 사람들은 대개 이와 유사한 어린 시절을 경험했다고 말합니다. 주 양육자가 물리적으로 곁에 있고 없음을 떠나 돌봄, 관심, 애정과 같은 주요 기본 욕구를 일관되게 '거절'하는 방식으로 경험해왔다는 것이죠. 애착 대상이 곁에 있지 못해 충족시켜주기 어려운 불가피한 상황도 있겠지만, 재희 씨의 어머니처럼 가까이 있는 상태에서도 무관심, 냉랭함, 화난 반응 등을 통해 상대를 지속적으로 거부할 수 있습니다.

그 사람의 품으로 달려가 안긴 나를 밀쳐내는 아주 미세한 몸짓에도, 꼭 잡은 내 손을 슬며시 놓는 그 짧은 순간에도, 우리는 상대가 나를 받아들이는지 아닌지를 단숨에 알 수 있습니다. 믿고 의지했던 누군가의 어깨에 편안히 기대어 있는데 그 사람이 나를 배려하지 않고 어깨를 빼버렸다고 상상해보세요. 내 몸이 기우뚱 기울어지는 그 순간, 우리는 당황스러움, 놀람, 약간의 부끄러움에 이어 그 사람에게 그리고 그 사람을 믿고 의지한 나 자신에게까지 화가 납니다.

거절, 거부의 경험은 마음으로만이 아니라 온몸으로도 전달되어 우리를 더욱 힘들게 합니다. 긍정적인 결과(따뜻함, 가까움, 사랑, 보호)를 기대하며 지극히 자연스럽고 당연한 애착 행동(애착 대상에게 다가가기)을 했으나, 그 결과는 실패(애착 욕구를 충족시키지 못함)로 돌아왔을 뿐만 아니라, 자신의 애착 행동으로 인해 처벌(무관심, 거절, 적대감)을 받기까지 했으니 말입니다. 이런 상황이라면, 애착 대상을 향해 더 가까이 가려는 근접성 추구는 헛된 짓이 될 뿐이지요.

나이가 들어서도 마찬가지입니다. 수정 씨는 믿었던 친구들에게 배신감을 크게 느낀 적이 있습니다. 그중 한 친구는 정말 가깝게 지냈었는데, 어느 날 사소한 말싸움 끝에 토라져서는 다른 친구들에게 수정 씨를 뒷담화하며 소외시키기 시작했습니다. 그 일 이후, 수정 씨는 그 친구와 비슷한 생김새를 가진 다른 사람들을 피하게 되었습니다. 왠지 뭔가 작은 일 하나로 시비를 걸거나 꼬투리를 잡아 수정 씨의 마음을 힘들게 할 것 같은 예감이 스치기 때문입니다. 이제는 친구라 해도 가능한 속 얘기를 많이 하지 않으려 애씁니다. 수정 씨는 자신이 정말 외롭고 힘들었던 그때, 자신에게 다가와 무슨 일이 있었냐고 물어보는 친구가 없었던 것이 제일 서운합니다. 그냥 그 친구의 일방적인 말만 듣고, 그게 전부인 양 하나 둘 자신을 멀리했던 모습이 아직도 마음에 상처로 남아있습니다. 그때부터 수정 씨는 이 세상에 의지하고 믿을 수 있는 사람은 나밖에 없다는 것을 명심하고 또 명심하려 합니다.

이렇게 유아기 이후에도 친구나 연인 등 애착 대상으로부터 무관심, 거절, 적대감을 반복적으로 경험하게 되면, 자신이 감당하기 힘든 큰 고통을 미리 차단하기 위해 누군가에게 다가가는 애착 행동 자체를 하지 않는 방법을 선택하게 됩니다.[84]

주변 사람들에 대해 심리적 등급을 나누고 그에 맞춰 적당히 선 긋기를 하는 사람들, 즉 애착 회피 수준이 상대적으로 높은 사람들은 재희 씨나 수정 씨처럼 애착 욕구를 부정하고 누군가에게 인정받기 위해 애쓰거나 의존하는 것을 피하며, 사람들과 인지적 · 정서적 · 물리적 거리를 최대한 유지하려 애씁니다.[85] 지금 마주하고 있는 이 사람 역시 결국은 내게서 멀어질 사람이라고 무의식적으로 단정 짓고 마는 것이죠.

억눌러서 생기는
문제들

나와 타인에 대한 표상은 애착 대상과 상호 작용하면서 경험한 기억들로 구성됩니다. 애착 회피 수준이 높은 사람들은 애착 불안이 높은 사람들과는 반대로 '타인 표상(타인이 사랑과 보호를 제공해주는 신뢰할 만한 존재인가 여부)'의 차원은 부정적이지만, '자기 표상(자신이 사랑과 보호를 받을만한 가치가 있는 존재인가 여부)'의 차원은 긍정적입니다.[86]

이들에게 타인은 믿고 의지할 수 있는 존재로 기록되거나 저장되어 있지 않습니다. 믿고 의지할 수 있는 대상은 오직 자신밖에 없다는 경험적 기억을 기반으로, 자기 존재감을 유지하기 위해 자신의 가치를 높이고 자립할 수 있는 능력을 키우려고 애쓰죠. 따라서 타인에게 인정받고자 애쓰는 행동은 이들이 오랫동안 형성해온 자신에 대한 신념, 즉 '나는 독립심이 강한 사람이다'를 훼손시키기 때문에, 타인의 반응이나 의견에 주의를 덜 기울이는 경향이 있습니다. 나에 대한 피드백 또는 평가는 내가 지켜온 자아상을 손상시킬 수 있기 때문에, 상대의 인정이나 승인 자체에 관심을 두지 않음으로써 자신의 자존감(때론 자존심)을 지키려는 방어적 노력을 하는 것이죠.[87]

하지만 몇몇 연구에서는, 다른 사람들과 거리 두기를 지속하면서 사람들의 반응이나 피드백에 무관심한 성향은 개인의 심리적, 신체적 건강 문제와도 관련될 수 있음을 보여줍니다. 일례로, 애착 회피 수준이 높은 집단으로 분류된 유아들은 '엄마와의 분리'라는 낯선 상황을 접했을 때, 전혀 영향을 받지 않는 듯 주변 장난감을 가지고 노는 데 집중합니다. 반면 안정 애착 유아들은 엄마와 갑작스럽게 떨어진 당황스러움과 놀람으로 울음을 터뜨렸죠. 하지만 실제 실험 전후 코르티솔 cortisol (스트레스 호르몬) 수치 증가량을 살펴보니, 울음을 터뜨렸던 안정 애착 유아들에 비해 아무렇지 않은 듯 보였던 애착 회피 유아들의 코르티솔 증가량이 훨씬 더 높아져 있었습니다.[88]

성인들의 경우에도 마찬가지입니다. 헤어짐이나 상실의 경험을 회상하는 실험을 했을 때, 애착 회피 수준이 높은 사람들은 겉으로는 큰 영향을 받지 않는 듯 보였으나, 혈압 회복이 상대적으로 더뎠고 코르티솔의 활성이 더 증가했습니다.[89] 관계에서 비롯되는 고통스러운 생각이나 기억, 부정적인 기분 등을 억누르면 간단하고 편할 것 같지만, 실제로는 그렇지 않다는 사실을 연구 결과들이 보여주고 있죠. 안타까운 것은 고통받지 않는 것처럼 보이는 겉모습 때문에 이들이 스트레스에 강하거나 평온한 것으로 오해받기 쉽고, 더 세심한 관심과 보살핌이 필요하지만 간과되기 쉽다는 점입니다.

더욱이 고통스러운 기억들을 억압하는 대처 방식은, 이들이 의도한 것과는 반대로 심리적 혼란을 오히려 가중시키며[90] 자기결정성 · 자기인식 · 활력을 통합적으로 갖춘 '진정한 자아'와도 멀어지는 결과를 낳습니다.[91]

앞서 수정 씨의 사례로 다시 돌아가 이해해보자면, 믿었던 또래 친구들로부터 소외되면서 수정 씨는 그들에게 배신감을 느꼈습니다. 이후 수정 씨는 친구들과 함께했던 시간이 그리울 때마다, 그 친구들의 단점을 떠올리려 애썼죠. 그리고 혼자 시간을 보내며 외로움을 느낄 때, 그들에게 다시 다가가 이야기하거나 다른 새로운 친구를 사귀고 싶은 마음을 꾹 눌러 참았습니다. 대신 그 시간에 과제를 하거나 시험공부를 했습니다. 물론 집중이 썩 잘되는 것은 아니지만 혼자라서 초라하거나 두려운 느낌을 잠시나마 잊을 수 있었지요. 그렇지만 이런 일상이 반복될수록 수정 씨는 자신의 내면이 채워지는 것이 아니라 텅 빈 것 같은 공허함을 자주 느꼈고 뭘 해도 힘이 나질 않았습니다.

친밀한 관계를 맺고 싶은 욕구, 중요한 타인에게 인정과 사랑을 받고 싶은 욕구가 내게 있는 것은 이상한 것이 아니라 '정상'적인 것입니다. 누구에게나 있는 기본 욕구마저 없는 것으로 여기고 내게 필요치 않다고 하면 간단히 해결될 것 같지만, 있는 것을 없는 것처럼 여기고 사는 것은 생각보다 쉬운 일이 아닙니다. 그것을 숨기거나 보지 않기 위해 상당한 에너지를 지속적으로 써야 하니까요.

이런 상태를 오랜 시간 반복한다면 수정 씨처럼 계속해서 알 수 없는 공허함에 시달리게 됩니다. 있는 그대로의 욕구를 부인하면 할수록 '진짜 나'와 거리가 멀어질 것이고, 멀어진 거리만큼 다른 무언가로 채워보려 애써도 그것은 채워지지 않을 테니까 말이죠. 다른 성취들로 그 간극을 메우려 노력하지만, 온전히 그 일에 집중하기도 어렵습니다. 눌러놓았던 기본 욕구들이 언제 어느 때고 불쑥 튀어나올 수 있고, 이를 무시하는 데에도 신경을 뺏기게 됩니다.

건강한 관계를
다시 경험할 권리

세상으로부터 느끼는 위협과 애착 대상에 대한 필요성을 평가절하며 도움을 구하지 않는 이들의 행동에는 '강박적 자기 의존compulsive self-reliance'[92]이 내포되어 있습니다. 이는 지나칠 정도로 자신의 고유한 특성이나 가치에 집중하고, 혼자서도 뭐든 해낼 수 있다며 자기 능력을 과신하는 성향을 의미합니다. 이런 성향은 특별한 관계에서 경험할 수 있는 안정감에 대한 생각 자체를 하지 못하도록 만들어서, 관계를 통해 누릴 수 있는 기쁨과 행복을 얻지 못하게 방해하죠. 애착 대상의 유용성에 대해 생각하는 일 자체가 방어적으로 억눌러놓은 애착 시스템(애착 대상에게 다가가기)을 재가동시킬 우려가 있기 때문에, 애초에 그런 것은 없었던 것마냥 철저히 차단시키는 것입니다.[93]

사실 '관계'라는 건, 내 맘대로 내 뜻대로 되는 일이 아닙니다. 그럴 수밖에 없는 것이, 관계 목표를 추구하는 것은 나의 뜻과 행동뿐 아니라 상대방의 뜻과 행동, 양측 모두에 달려있으니까요. 관계에서는 나와 상대방, 각자의 지분이 있습니다. 당연히 한쪽의 애씀만으로는 원하는 관계 목표에 도달할 수가 없습니다. 이런 점들이 관계를 복잡하게 하고, 예상에서 빗나가도록 하며, 때론 아슬아슬한 곡예를 하게 만들죠.

하지만 무슨 일을 하든 누군가에게 조금은 의지하며 더불어 살아가고 있는 것이 우리네 현실입니다. 2인3각 경기를 가장 빠르게 효율적으로 마치는 방법은 '서로 믿고 의지하는 것'

이죠. 그리고 한 걸음 한 걸음 뗄 때마다 말로 몸으로 복잡 미묘한 소통을 해가며, 동일한 보폭을 유지하려고 노력하는 조정 과정이 필요합니다. 나의 속도대로 상대방을 끌고 가기보다는, 나의 리듬이 상대방의 리듬과 조화롭게 맞물려야 목표 지점에 가능한 빨리 도달할 수 있습니다.

거절, 거부, 상실 등 관계에서 아픈 경험을 하고 나면, 누군가를 믿고 의지하는 걸 꺼리게 되지요. 하지만 내 마음의 문을 열지 않으면 그 사람이 나에게, 그리고 내가 그 사람에게 좋은 사람이 되어볼 수가 없습니다. 앞서 수정 씨는 또래들로부터 받은 거부 경험으로 인해 다른 친구들과 가깝게 지내는 것조차 하지 않으려 했었죠. 그러나 아무리 비슷해 보여도, 새 친구는 나를 괴롭힌 그 친구가 아닙니다. 지금 여기에 있는 새 친구에게 마음의 문을 열어 새로운 경험을 해보지 않으면, 정말로 이 친구가 그 친구와는 다르다는 것을 경험할 수 없습니다.

이전 경험을 토대로 조금 더 배려하고 조심스러움이 생긴 '새로운 나'와 '새로운 친구'와의 관계 경험 자체가 이전의 상처를 아물게 하는 치료제가 될 수 있습니다. 이를 '교정적 경험corrective experiences'[94]이라고도 하는데요, 지금까지 내가 선택해온 방식과는 다른 방식으로 건강하게 친밀한 관계 맺기를 해보는 새로운 경험을 의미합니다.

상대방과 나에게 필요한 것이 무엇인지를 알아차리고 반

응해주는 섬세함을 배우는 일도, 조금 더 포용하고 수용하는 너그러움을 주고받는 일도, 누군가와 친밀한 관계 맺기를 피하지 않아야 경험해볼 수 있는 일입니다. 또한 한 사람의 일방적인 지배보다는 협력하는 즐거움을 알게 되는 일도, 슬플 때나 기쁠 때 정서적으로 함께하며 내 마음속 공허함이 따뜻함으로 채워지는 일도, 인간관계를 조금은 더 오랫동안 지속해봐야 비로소 경험할 수 있습니다.

관계에서의 조율, 다시 말해 서로에게 민감하게 발맞춰나가는 기술을 익히기 위해서는 준비와 실천이 필요합니다. 상대방의 이야기에 귀를 기울이고, 표정이나 몸짓을 잘 살펴보기 바랍니다. 그리고 주변에 인간관계가 좋은 사람이 있다면 (마땅치 않으면 드라마나 영화에서라도), 그 사람을 찬찬히 관찰해보세요. 특히 자신의 필요나 욕구를 어떻게 표현하고 요구하는지, 상대방의 필요나 욕구에 어떻게 섬세하게 반응하는지를 관찰하는 것이 중요한 포인트입니다. 내가 누군가를 대할때와 비교해보면, 아마도 조금은 더 민감하게 반응하거나 유연하게 조정해나가는 모습들을 볼 수 있을 겁니다. 지금 당장할 수 있는 관찰을 시작으로, 편안한 상대에게 하나씩 연습해보세요. 좋은 관계를 경험하고 그 속에서 건강한 관계 조율법을 익힐 권리가 당신에게 있다는 것을, 그리고 지금도 그 권리를 찾기에 절대 늦지 않았다는 사실을 기억하기 바랍니다.

주변 모두와

인지적·정서적·물리적 거리를

최대한 유지하려

애쓰는 이유는

지금 마주하고 있는

이 사람 역시

결국은 내게서

멀어질 사람이라고

무의식적으로

단정 짓기 때문이다.

Chapter 7.

최악의
내 모습,

어디까지
받아들일 수
있나요?

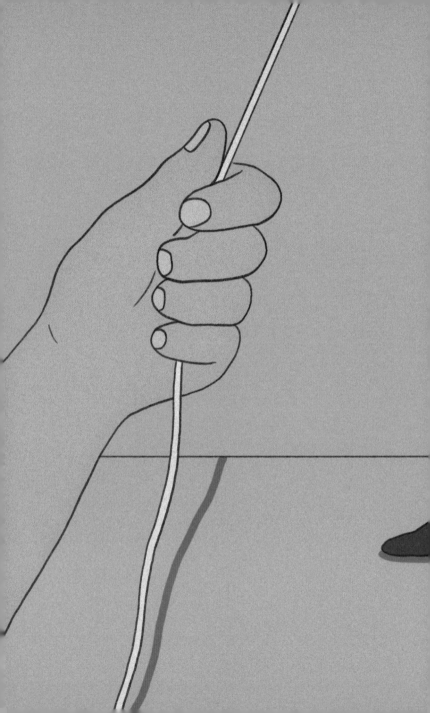

앞서 5장과 6장에서는 관계 속에서 서로 상반된 방식으로 인정 욕구를 충족시키는 모습을 살펴보았습니다. 누군가는 경계를 허물며 상대와 더 가까워지려 애쓰고, 누군가는 경계를 지으며 상대가 가까이 다가오는 걸 두려워했죠. 결국은 소중한 그 사람에게 인정받고 싶은 간절한 마음을 표현하는 것이지만, 밖으로 보이는 모습이 서로 달라 엇갈리곤 했습니다.

여기에 또 하나, 인정 욕구가 소중한 누군가에게 한정될 때, 이 사람이 나를 어디까지 인정하고 받아줄 수 있는지 끊임없이 '시험하는' 사람들이 있습니다. 특히 연인 관계에서, 이들은 자신이 생각하는 최악의 말과 행동을 펼치며 상대방이 어떤 반응을 보이는지, 이런 자신을 과연 받아들일 수 있는지를 살피곤 합니다. 이 장에서는 혼란스러운 모습을 보이며 나를 어디까지 인정해줄 수 있는지 시험하려는 사람들의 마음을 들여다보겠습니다.

가야 할지 멈춰야 할지
모르겠어

인경 씨는 최근 사귄 성준 씨가 점점 불편해지기 시작했습니다. 특히 성준 씨가 직장에서 스트레스를 많이 받았던 지난 한주, 성준 씨가 보인 모습들은 인경 씨를 무척 혼란스럽게 만들었죠. 제일 힘든 건 도대체 뭘 원하는지를 모르겠다는 점입니다. '힘들면 내게 털어놓고 기대든지, 그게 싫으면 혼자만의 시간을 갖든지…' 나를 곁에 두긴 하지만, 내가 편안하게 머무는 것을 허락하지 않는다는 점에 의아해집니다. 눈치를 보게 만들고, 이러지도 저러지도 못하게 하는 성준 씨가 답답할 뿐입니다.

자주는 아니지만 가끔씩 이런 상황이 반복됩니다. 그때마다 인경 씨는 긴장하게 되고 때론 자신이 뭘 잘못했나 싶어 고민하게 되죠. 성준 씨와 함께 있으면 그의 심기를 건드리지 않으려고 말과 행동, 표정까지도 무척 신경을 써야 했고, 그때마다 자존감이 낮아지는 느낌입니다. 이 사람이 누구와 어떤 일이 있었는지, 무엇에 화가 나고 스트레스를 받았는지 등 구체적인 정황을 모른 채 계속 눈치와 짐작으로 성준 씨의 기분을 맞춰줘야 하니까요. 다가가 안아주고 위로하며 관심을 가져줘야 할지, 조금은 떨어져 무심한 듯 지켜봐야 할지, 어떤 것이 성준 씨에게 진정 위로가 될지 확신이 서지 않습니다. 그리고 그때마다 자신이 이 사람에게 어떤 존재이며, 언제까지이런 역할을 해야 할지 고민이 됩니다. 인경 씨는 성준 씨가 '당신은 이런 내 모습도 받아줄 수 있냐'고 묻는 것 같습니다.

잠시 인경 씨와 성준 씨의 이야기를 뒤로하고, 행복한 고민을 하나 해봅시다. 아래 세 사람 중 한 사람을 선택해서 연인이 될 예정이라면, (1), (2), (3) 중 어떤 사람이 더 매력적인지 답해보세요. 오래 생각하지 말고 첫 마음이 끌린 쪽을 고르면 됩니다.

(1) 거의 매일 데이트를 하며 나와의 만남을 그 무엇보다중요하게 생각한다. 하루에도 몇 번씩 SNS로 소통하고 시시콜콜한 일상을 나누며 날 홀로 내버려두지 않는다. 때로내가 그/그녀를 만날 수 없을 때 무척 서운해하며, 다른 사람을 만나거나 일하느라 바쁘면 투정을 부리거나 '흥칫뽕!'삐지곤 한다.

(2) 평일에는 가능한 자신의 일에 집중하고 주말에 만나 실컷 놀기로 했다. 그/그녀는 내가 무엇을 원하는지 묻고, 자신이 뭘 원하는지도 직접적으로 이야기하는 편이다. 우리가 만나기로 한 날 긴급하거나 중요한 일이 생기면 편하게

사정을 알리고 조정한다. 힘든 일이 있거나 어려운 일이 생기면 내게 곧잘 이야기한다.

(3) 시크한 그/그녀! 먼저 연락을 하는 일이 거의 없다. 혼자서도 워낙 잘 지내기 때문에 연락이 없어도 그/그녀에 대한 별다른 걱정을 하지 않아도 된다. 이따금 만나 데이트를 하면 주로 내 이야기를 들어주는 편이다. 내가 하는 말에 일일이 반응하기보다 한 번씩 미소 짓거나 한 마디씩 하는 묵묵한 사람이다.

5장과 6장에서 성인 애착을 '애착 불안'과 '애착 회피' 두 차원dimension으로 구분할 수 있고, 이 두 차원이 우리 마음 안에 공존한다고 이야기했던 것을 기억하시나요? 두 차원이 공존한다는 것은, 한 사람이 애착 불안 또는 애착 회피 둘 중 어느한 가지만을 갖는 것이 아니라는 의미입니다. 예를 들어, 혈액형은 A, B, AB, O 네 가지 유형 중 한 가지만을 가질 수 있지만, 성격적 특성은 밝은 면과 어두운 면을 동시에 가지고 있죠. 상반된 두 특성이 함께 존재한다는 건데, 이때 어느 한쪽이 상대적으로 강하게 드러나거나 다른 한쪽이 상대적으로 약하게 드러날 수 있고, 두 차원 모두 높거나 낮을 수도 있습니다. 예를 들어, 나는 '애착 불안 50점-애착 회피 30점'이고 내 친구는 '애착 불안 80점-애착 회피 40점'이라면, 나와 내 친구 모두 불안 차원이 상대적으로 높다는 유사점은 있지만, 불안과 회피가 위치하고 있는 지점은 두 직교 차원에서 각기 다르게 위치할 수 있습니다. 다음 그림에서처럼 사람들은 저마다의 애착 불안-애착 회피 수준을 가지고 있습니다.

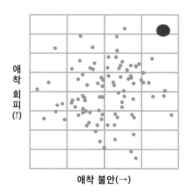

애착 회피 (↑)

애착 불안(→)

앞서 제시한 보기 중 (1)번은 애착 불안이 상대적으로 높은 사람의 특성을, (3)번은 애착 회피가 상대적으로 높은 사람의 특성을 묘사하고 있습니다. 애착 불안은 거절당하고 버림받는 것이 두려워 관계에 지나치게 몰두하는 차원이고, 애착 회피는 거절당하는 것을 애초에 차단하기 위해 친밀해지는 것을 꺼리거나 거리를 두는 차원이라고 설명했죠. 이때 (1)번 또는 (3)번 중 어느 하나의 특성이 평균 이상으로 높거나 둘 다 높은 경우, '애착 불안정성'이 높다고 할 수 있습니다. 반면, (2)번은 불안과 회피 모두 상대적으로 낮은, '애착 안정성'이 높은 사람의 특성을 설명하고 있습니다.

당신은 몇 번을 파트너로 선택했나요? 대부분의 사람들은 불안정한 파트너보다는 안정적인 파트너에게 더 끌리는 경향이 있습니다. 이것은 대다수가 안정적인 애착을 가지고 있다는 의미이기도 하죠. 연구들에 의하면, 애착 불안정성이 높은 사람들은 자신과 유사한 애착 패턴을 보이는 사람과 짝이 되기를 선호하는 경향이 있다고 합니다.[95] 때로 반대되는 특성을 가진 보완적인 파트너를 선택하기도 하지만, 대체적으로는 애착 불안이 높은 사람은 불안 성향이 높은 파트너에게 더 끌리고, 애착 회피가 높은 사람들은 회피 성향이 높은 파트너에게 더 끌린다는 것입니다.

끌리는 파트너로 (1)번 또는 (3)번을 선택했다면, 자신이 애착 불안 또는 애착 회피가 높은 사람은 아닌지 생각해보세요. 이는 자신과 유사한 사람을 선택했든, 반대되는 사람을 보완적으로 선택했든 그 어느 것이라도 나의 애착 불안정성을 시사할 가능성이 높습니다.

내 곁에 있어도 된다는
증표

다시 인경 씨와 성준 씨의 이야기로 돌아와서, 성준 씨처럼 인정 욕구가 특정 누군가에게 한정될 때(주로는 연인에게), 상대가 나의 어떤 모습까지 인정하고 수용해줄지를 끊임없이 시험하는 사람들이 있습니다. 이런 마음은 상대방을 대하는 행동에도 반영되는데, '다가갈랑 말랑 멀어질랑 말랑'하며 상대를 상당히 헷갈리고 혼란스럽게 하는 모습으로 나타납니다. 이런 나를 받아줄 수 있으면, 그땐 나도 너를 받아들이겠다는 것이죠. 이 까다로운 시험 관문을 통과한 사람만이 비로소 '내 곁에 있어도 된다'는 증표를 받게 되는 것입니다. 성준 씨와 유사한 특성을 보이는 사람들은, 앞서 설명한 '애착 불안'과 '애착 회피'의 두 차원 모두 상당히 높은 상태인데, 그림(142쪽)의 빨간 점에 위치한 경우입니다.

우리 안에서 애착 불안과 애착 회피의 두 차원이 동시에 높다면 어떻게 될까요? 애착 불안은 가까이 가려는 시도이고 애착 회피는 멀어지려는 태세라고 간단히 이해했을 때, 가까이 가야 할지 멀어져야 할지 몰라 당황스럽고 혼란스러운 상황이 벌어집니다. 비유를 하자면 교차로에서 적색 신호와 녹색 신호가 동시에 켜진 것과 같습니다. 동시에 두 신호가 켜지면 우리는 어떻게 해야 할까요? 앞으로 가야 하나, 멈춰 서야 하나 머릿속이 복잡해질 것입니다.

애착 연구 초기, 유아의 애착을 몇 가지로 유형화했던 연구자 메리 에인스워스Mary Ainsworth의 뒤를 이은 메리 메인Mary Main[96]은 소위 '낯선 상황 실험'을 진행한 바 있습니다. 우선 유아들을 실험실 놀이방(익숙하지 않은 환경)에서 놀게 합니다. 그러다 엄마가 갑자기 나가버리고(예상치 못한 분리), 실험자가 놀이방에 들어오죠(낯선 사람과의 만남). 이때 아이들이 엄마와 떨어진 불안감을 어떻게 표출시키는지를 보면서 애착의 질적 특성을 측정하는 실험이었는데, 메인은 이 실험에서 유아와 어머니의 상호 작용을 관찰하며 흥미로운 사실을 발견했습니다. 그때까지 밝혀진 애착 유형은 안정형/회피형(높은 애착 회피)/저항형(높은 애착 불안) 세 가지였는데, 기존 범주에 속하지 않는 새로운 부류가 있다는 사실을 알게 되었죠. 유아들의 모습이 녹화된 비디오테이프를 검토하던 중 어디에도 해당되지 않는 이상 반응을 포착해낸 것입니다. 낯선 사람이 놀이방을 나가고 다시 엄마가 돌아왔을 때 엄마에게 팔을 뻗어 울면서 다가가다가 갑자기 멈추고선 등을 돌리거나, 다가가지 않고 가만히 얼어붙어 있거나, 바닥에 주저앉아버리거나, 멍하게 있는 유아의 모습을 발견할 수 있었습니다. 메인은 이런 행동을 '숨죽인 비명'[97]이라고 불렀고, 이후 이들을 '혼란형disorganized/

disoriented'으로 분류했습니다.

혼란스런 애착은 애착 대상이 유일한 피난처이면서 동시에 위험의 근원일 때 나타납니다. 다시 말해 외부의 위협으로 불안을 느끼는 순간 애착 대상에게 달려가 의지하도록 프로그래밍 되어있는 아이가 '다가가기'와 '멀리하기'라는 상충된 욕구 사이에서 옴짝달싹하지 못하는 것을 의미합니다.**

이들의 유아기 또는 아동기는 안타깝게도 혹독한 세상인 경우가 많습니다. 양육자의 학대나 심한 우울증 등으로 인해, 양육자가 따뜻하고 편안한 천국이 아니라 아주 뜨겁거나 차가운 무시무시한 지옥이었던 경험을 갖고 있죠. 엄마, 아빠는 그들 자녀에게 당연히 필요한 돌봄을 제공해야 합니다. 자녀 또한 태생적으로 자신의 양육자에게 따뜻한 돌봄을 기대합니다. 그러나 '엄마', '아빠'라고 불리는 그 대상이 너무나 무섭고 공포스럽다면, 오히려 날 육체적, 정신적 폭력으로 아프게 한다면, 또는 혼수상태에 빠진 듯 반응이 없다면, 우리는 그 대상에게 가까이 가야 할지, 아니면 멀리해야 할지 무척 혼란스러울 것입니다.

더 안타까운 것은, 애착 대상이 나를 어떻게 대하느냐가 자기 존재 가치를 흔들기도 한다는 점입니다. 도대체 나는 누구이고, 어디쯤 서있어야 할지 도저히 알 수가 없죠. 그야말로 혼돈의 상태에 빠지게 되는 것입니다.

"행복한데
눈물이 나"

앞서 소개된 사례에서 인경 씨는 연인인 성준 씨를 바라보며,
자신의 존재 의미 그리고 관계에 대한 혼란을 느꼈습니다. 어
쩌면 이는 성준 씨가 경험하는 심리 내적인 혼란을 함께 느끼
게 된 경우일 수 있습니다. 다시 말해, 인경 씨가 느끼는 혼란
은 인경 씨 자신에게서가 아니라, 파트너인 성준 씨가 겪고 있
는 내적 혼란에서 비롯된 것일 수 있다는 의미입니다.

심리학에서 말하는 일종의 '투사적 동일시projective identification'
라는 방어 기제입니다. 즉, 성준 씨가 자신이 느끼는 혼란을 혼
자 감당하기가 어려워, 마주한 당신이 좀 처리해 달라고 인경
씨에게 던져줬다는 것이죠. 중요한 타인(주로는 부모)과의 관
계에서 성준 씨가 하곤 했던 생각, 감정, 행동을 연인과의 관
계에 투사하여, 상대가 자신과 유사한 경험을 하도록 재연하
고 있습니다. 소화하기 어려울 정도로 심리적 혼란이 큰 사람
은 이처럼 상대방에게도 혼란스러움을 전해줄 가능성이 높습
니다. 평소에는 잘 모르다가 스트레스 상황이 닥쳤을 때 비로
소 드러나니, 성준 씨를 사귄 지 얼마 되지 않은 인경 씨는 더
욱 당황스러웠을 겁니다.

성준 씨의 사연은 이랬습니다. 성준 씨의 아버지는 자주

욱하는 폭력적인 사람이었고, 이런 아버지와 함께 사는 어머니는 술 없이 잠을 이루지 못했습니다. 무엇에 폭발적인 분노를 표출할지 모르는 아버지는 성준 씨가 힘들 때 기대고 위로받을 수 있는 존재가 아니라, 이 세상 그 누구보다 성준 씨를 힘들게 만드는 존재였죠. 늘 우울하고 겁에 질린 그리고 술에 취해 있는 어머니 역시 성준 씨가 다가가 편안하게 안길 수 있는 존재가 아니었습니다. 어린아이는 불안하고 어둠 가득한 엄마의 표정을 보는 것만으로도, 그 감정이 제 것인 마냥 두려움과 긴장을 온몸으로 느끼게 됩니다." 어린 성준 씨는 부모 없이 살아갈 수 없었지만, 동시에 부모 곁에 있는 것에 위험을 느꼈습니다. 그렇게 '접근'과 '회피' 사이에서 늘 이러지도 저러지도 못하는 상황이 내내 이어졌던 것이죠. 현재 연인인 인경 씨에 대한 감정을 적은 아래 일기를 통해 성준 씨가 드러내지 않았던 속마음을 들여다 볼 수 있습니다.

못난 나에게 사랑한다고 말해주는 사람이 생겼다. 그 사람은 날 무척 아껴주고 사랑해준다. 그런데 그 사랑을 느끼고 또 받으려니 마음이 너무 아프다. 그리고 너무 무섭다. 이 복잡한 감정이, 나도 언뜻 이해가 잘 되지 않는다. '이 사람이 나의 진짜 모습을 알고도 좋아할까? 내가 쓰레기 같은 놈이라는 걸 알아도 그래도 날 사랑해줄까?'

만나는 날마다 너무너무 좋은데, 그만큼 너무너무 아프다. 그 사람을 만나고 집으로 돌아오는 버스 안에서 창밖을 바라보고 있을 때면 나도 모르게 눈물이 난다. 난 지금 너무 행복한데, 왜 이렇게 눈물이 나는지…. 왜 이토록 행복한 순간에 눈물이 나는지 모르겠다. 사실, 내가 이렇게 행복해도 되는 건지 불안하기만 하다. 또 어떤 아픔을 신이 주시려고 날 이렇게 행복하게 만드시나 두렵다. 내게 다시 고통이 찾아온다면, 더 이상은 견뎌낼 자신이 없다.

성준 씨와 같이 애착 불안정성이 상당히 높은, 즉 애착 불안과 애착 회피의 두 차원이 모두 높은 사람들은 "당신이 어려움에 처했을 때, 가까운 누군가에게 다가가 도와달라고 요청할 수 있습니까?"라는 질문에 쉽게 대답하지 못합니다. 다가가기 전략과 멀리하기 전략 중 하나를 단호하게 선택하는 것에 곤혹감을 느끼기 때문입니다.[100] '두려움-회피형fearful avoidant'으로 불리기도 하는 이들은 스트레스 상황에서 접근-회피, 실행-철회와 같이 상반되는 전략을 버무려 사용하기 때문에, 의아하고 모순적인 모습을 종종 보이곤 합니다.[101] 성준 씨가 직장에서 스트레스를 많이 받았던 날, 위로해줄 수 있는/위로해주려 하는 연인이 옆에 있었음에도 불구하고, 연인에게 힘들었던 일을 이야기하며 기대거나 의지하지도, 그렇다고 혼자만의 시간을 갖겠다고 말하지도 않았던 것처럼 말이죠.

몸과 마음에
각인된 규칙들

두려움-회피형의 사람들은 연인과의 관계에서 양가적인 감정으로 인한 내적 갈등에 시달립니다. 돌봄, 관심, 애정이 간절하지만 한편으로는 다른 사람에게 의지하려 할 때 그려지는 부정적인 결과가 두렵기 때문이지요. 다른 사람들이 나를 해치고, 학대하고, 모욕하고, 속이고, 이용할까 두렵지만, 이내 이런 생각을 하거나 감정을 느낀 것에 대해 후회하고 자책합니다.

심지어는 '외상후 스트레스 장애posttraumatic stress disorder' 증상과 유사하게, 스스로 통제하기 어려운 공포에 시달리기도 합니다.[102] 원치 않을 때에도 불쑥불쑥 꺼내기 싫은 기억 · 생각 · 감정의 소용돌이에 휩싸이는 것이죠.

예를 들어, 어린 시절 부모님이 크게 소리 지르고 물건을 던지며 싸우던 장면이 각인되었다면, 평소 큰 소리에 유독 예민할 수 있습니다. 사람들의 큰 목소리, 큰 문 소리, 큰 경적 소리 등을 들으면, 분명 부모가 다투던 과거의 그것과는 다른 맥락이지만, 내 심장은 그때 느꼈던 공포에 반응하듯 두근거리게 되죠. 때론 이런 몸의 반응으로 인해 중요한 순간, 중요한 일에 집중하지 못하게 되어 쉬운 일도 힘겨워질 수 있습니다. 부당하게 나를 대하는 누군가에게 직접 이야기하고 대항해야 하지만, 어린 시절 겪었던 폭력의 기억이 떠올라 아무런 대꾸도 하지 못하고 얼어붙을 수도 있습니다. 나를 노려보던 눈빛이 지워지지 않아, 누군가 날 쳐다보기만 해도 두려움을 느끼고 사람을 대하는 일은 절대 하지 않으려 할 수도 있습니다.

특별히 주의를 기울일 점은, 내가 양육자와의 관계에서 경험했던 것을 성인이 된 이후 연인, 부부 관계에서 반복적으로 경험하지 않도록 하는 것입니다.[109] 불안정한 양육자와 살아가기 위해 필수적이었던 생존 전략을 바꾸는 것은 사실 쉽지 않습니다. 이미 몸과 마음에 각인된 규칙들은 오랜 시간 자신의 삶을 지켜주는 데 유용했기 때문입니다. 초콜릿을 많이 먹으면 이가 상한다는 것을 알지만 그것이 주는 달콤함이 있기 때문에 완전히 끊기는 쉽지 않은 것과 마찬가지로요.

하지만 늘 깨어있지 않으면 내가 겪었던 그 방식으로 누군가에게 상처를 주거나, 상처를 받는 일을 반복할 수 있습니다. 이러한 일들은 내가 의도한 것도 아니고, 또 의식적인 차원에서 일어나는 것이 아니기 때문에, 더욱 깨어있는 상태로 자신이 누군가와 관계맺는 모습을 차분히 잘 지켜볼 필요가 있습니다.

온전히
관계를 누릴 것

애착 불안과 회피가 모두 높은, '혼란형' 또는 '두려움-회피형'의 특성이 형성되는 과정에는 양육자가 상당히 큰 비중을 차지합니다. 그러나 성장하면서 애착 대상은 또래, 연인, 배우자 등으로 전환되고, 이들과의 관계에서 예상치 못하게 발생한 문제들 역시 우리의 애착 안정성을 위협할 수 있습니다. 이런 일이 일어나지 않으면 좋겠지만, 절대 그런 일은 없을 거라고 확신할 수 있는 사람은 아무도 없겠죠.

우리가 양육자를 선택할 수는 없었지만, 내가 앞으로 만날 사람들은 선택할 수 있습니다. 관계에서 겪은 외상적 사건들을 도려낼 수는 없지만, 그 일이 내 삶에 일어났고 그리고 그 일이 내게 꽤 영향을 미쳤으며 그래서 내가 괜찮지 않았다는 것, 어쩌면 지금도 괜찮지 않다는 것을 알아차리고 바라볼 수는 있습니다. 조금 더 힘이 생기면, 그 영향이 내 삶의 전부를 차지하지 않도록 나를 부끄러워하거나, 비난하거나, 자책하는 것을 '거절'하기로 선택할 수 있습니다.

애착 이론에서 이야기하는 애착의 안정성security은 우리 모두 가질 수 있는 기본 욕구이자 '강점'이기도 합니다. 실제로 중요한 누군가에게 섬세한 사랑, 수용, 지지를 받은 경험은 자신을 보호하고 자신감을 갖도록 돕는 가장 중요한 자원이 되죠. 이러한 자원은 눈에 보이지는 않지만, 내 마음 속 안전 기지가 되어 역경에 맞서거나 스트레스를 받을 때 심리적 안정을 유지하기 위한 기반을 제공합니다. 또한 애착 안정성은 우리의 긍정적인 특성들(예: 낙관성, 희망, 긍정적인 정서, 호기심, 자율성, 연결성, 수용력, 연민, 관용, 친절 등)을 자신의 강점으로 발달시키고 발휘해나가는 과정에도 영향을 미칩니다.[104]

상담 전문가들은 우리의 발달적 궤도는 어느 정도 한계가 있지만 '바뀔 수 있다'는 점에 주목합니다. 다양한 사람들을 만나 그중 누군가와 안정된 관계를 맺고 유지해보는 경험을 한다면, 우리의 애착 안정성을 형성하는 좋은 재료가 될 수 있습니다. 다시 말해, 또 다른 관계에서의 건강한 경험들은 손상된 또는 미발달한 애착 안정성을 회복시키거나 획득할 수 있도록 도울 수 있다는 것입니다.

또한 소중한 누군가로부터 받은 것이든, 스스로의 노력으로 갖게 된 것이든, 지금 당신의 그 어떤 모습도 따뜻하고 친절하게 품어줄 수 있는 애착 안정성을 갖게 된다면, 애착 안정성의 긍정적 자원은 흘러 흘러 또 다른 누군가의 마음속 깊은 곳에 안전 기지를 만들어줄 수도 있습니다.

Chapter 8.

인정받고 싶은
마음,

어디까지
정상인
걸까?

인정 욕구는 사람이라면 누구나 느끼는 보편적인 마음이지만, 적정 수준을 벗어나면 크고 작은 문제를 일으키죠. 앞서 가족이나 연인, 배우자, 가장 친한 친구 등 특별한 관계 속에서 인정 욕구를 살펴봤다면, 이 장에서는 인정 욕구가 과도하여 삶의 균형이 무너지는 상황들을 좀 더 자세히 이야기하려 합니다.

한 가지, 심리학에서 '정상'이 아닌 '비정상' 즉, '장애'라고 여기는 것은 나의 행동이나 태도에 의해서, 나 자신 혹은 내 주변 사람들이 얼마나 심각한 고통을 받는지를 기준으로 합니다. 그러니 나와 내 주변 사람들에게 얼마나 유사한 경향이 있는지, 그로 인해 얼마나 일상에서 불편함을 경험하는지를 생각하며 살펴보길 바랍니다.

과도한 인정 욕구의
여섯 가지 유형

① 유형 1 : "남들이 좋게 봐줘야 존재감이 느껴져."

민정 씨는 인간관계가 너무 힘듭니다. 눈치가 빨랐던 민정 씨는 어릴 때부터 부모에게 야단맞을 행동을 하지 않으려 노력했고, 얌전하고 예의 바른 태도로 인해 학교에서도 선생님들의 예쁨을 받았습니다. 하지만 또래 여자애들은 선생님이 민정 씨를 편애한다며 따돌리고 놀이에도 끼워주지 않았죠. 이런 일들은 사회에 나와서도 계속됐습니다. 대학을 졸업하고 첫 직장에 들어갔을 때는 상사의 지적에 출근하기가 두려웠고, 회의 시간에도 타인의 시선이 의식되어 말을 하기가 힘들었습니다. 남들의 눈치를 너무 보느라 반대 의견을 내거나 자신의 감정을 드러내지 못하는 것이죠. 민정 씨는 지금도 타인과의 갈등 자체를 극도로 힘들어하고 있습니다.

민정 씨와 같은 유형은 타인의 부정적인 평가나 거절에 취약합니다. 항상 자신이 예의 바르고 착한 사람이라는 이미지를 주기를 원하고 타인의 인정과 칭찬을 기대하죠. 이를 위해 부모나 타인이 싫어하는 행동을 절대 하지 않으려 하고 그들의 긍정적인 피드백을 받고자 합니다. 심지어 이들은 타인의 요청이나 부탁을 거절할 때 죄책감이나 불안을 느끼는데요,

이런 경향이 극단적으로 드러나는 것이 바로 잘 알려진 '착한 사람 증후군 good boy syndrome'입니다. 착한 사람 증후군을 앓고 있는 사람들의 주요 행동 패턴은 다음과 같습니다.

- 자신의 안 좋은 일을 꾹꾹 눌러 담으며 감정을 드러내지 못한다.
- 다른 사람의 부탁을 거절하기 어려워하며, 어렵게 거절하더라도 곧 후회한다.
- 갈등 상황을 견디기 힘들어하며, 이를 피하려고 노력한다.
- 쉽게 상처를 받으며 동시에 오래간다.
- 하고 싶은 말을 제대로 하지 못하고 타인의 시선을 끊임없이 의식한다.

착한 사람 증후군을 가진 사람들은 타인의 욕구에 민감하지만, 정작 자신의 욕구는 잘 모르는 상태로 살아갑니다. 그 이유는 타인의 인정과 칭찬을 통해서 자신의 존재 가치를 확인하려고 하기 때문입니다.

② 유형 2 : "이렇게 다해주는데… 인정받지 못해서 억울해."
간혹 주변에서 억울하다는 하소연을 입에 달고 사는 사람

들을 볼 수 있습니다. 살면서 억울한 기억 한 번 없는 사람이 어디 있을까요? 그러나 이 억울함이 너무 커서 짜증, 분노, 배신감, 좌절감 등의 부정적인 정서가 일상에 켜켜이 배어있다면, 이는 분명 문제입니다.

그렇다면 이 억울함은 어디에서 비롯된 것일까요? 사람마다 그 원인은 다르겠지만, 많은 경우 핵심적인 이유는 자신이 타인을 위해 '희생'하고 '헌신'해왔는데 상대방으로부터 이를 제대로 인정받지 못한다고 느끼기 때문입니다.

예를 들어 한 직장에서 오랫동안 일한 사람들의 경우, 자신이 회사를 위해 평생을 바쳐 희생해왔는데 회사가 그런 자신을 알아주지 않는다며 억울해하죠. 이 억울함의 대상이 가족이나 연인, 친구 등 가장 사적이고 내밀한 사람들이라면 상황은 더 심각해집니다. 편안하고 위로가 되어야 할 관계 속에서 끊임없이 부정적인 정서를 느끼게 되니, 삶 자체가 피곤하고 고통스러울 수밖에 없습니다.

지희 씨 역시 그랬습니다. 지희 씨는 언제나 부모님 말에 순종하는 딸로 살아왔고 그 기대에 부응하고자 노력해왔습니다. 부모님이 조금이라도 아프다고 하면 늘상 시간을 내어 병원에 모시고 가고, 꼬박꼬박 용돈도 챙겨드립니다. 하지만 부모님은 그런 지희 씨를 인정해주질 않았죠. 오히려 용돈이 적다고 불평하고 다른 집 자식들처럼 해외여행을 보내주지 않는다고 타박을 합니다. 부모님의 걱정과 관심은 언제나 지희 씨의 두 동생에게로 향했고, 지희 씨에게 동생들을 잘 챙기라고까지 요구하죠. 지금도 지희 씨는 부모님이 부르면 당장 달려가고, 동생들에게 무슨 일이 생기면 자기 일처럼 나서서 돌봅니다. 이런 자신에게 화도 나고 지치지만 왠지 거절할 수가 없어서 문제죠. 사회생활을 할 때도, 지희 씨는 자신의 것을 아낌없이 내주고 궂은일을 도맡아하는 편입니다. 그러다 보니 늘 자신만 손해 본다는 생각을 지울 수가 없습니다. 언제나 억울함과 분노를 달고 살지만, 겉으로는 그저 착한 사람일 뿐입니다.

지희 씨는 첫 번째 유형과 마찬가지로 타인의 욕구와 기대를 충족시켜주는 역할을 통해서 자신의 존재 가치를 확인하고 있습니다. 한 가지 차이가 있다면, 모두에게 좋은 사람이고 싶어서 무조건 참고 억누르던 마음이 억울함과 분노가 가득한 상태로 변했다는 것입니다.

가족이든 친구이든 스스로 지나치게 책임감을 발휘하면서 도와주려는 행동의 밑바탕에는 무의식적으로 상대도 나에게 그렇게 해주기를 바라는 투사된 나의 욕구가 숨어있습니다. 하지만 자신이 해준 만큼 타인이 그것을 인정하거나 감사 표현을 하지 않으니, 심한 분노와 배신감을 느끼게 됩니다.[105] 지희 씨와 같은 사람들이 후회하는 마음속에는 '울타리 없는 삶,' '나로 살지 못함,' '스스로 알아서 해야만 했던 아이'와 연관된 회한이 자리하고 있습니다.[106]

③ 유형 3 : "내가 잘하고 있는 건지 확인 좀 해줄래?"

앞서 소개한 두 유형이 '과도한 책임감'으로 인해 타인의 욕구나 기대에 부합하려고 하는 경우라면, '주도적인 삶'을 두려워해서 타인의 인정과 사랑을 추구하는 유형도 있습니다. 바로 의존적인 성격을 가진 이들이죠. 이들은 타인과의 관계에서 스스로 연약하다고 믿기 때문에, 나이가 들어도 남들의 인정이나 확인 없이는 아무것도 혼자서 하지 못합니다. 아무리 사소한 거라도 누군가의 동의가 반드시 필요하거든요.

이들은 대개 과잉보호를 받으면서 자라온 경우가 많습니다. 어릴 때부터 부모가 대신해서 모든 것을 해주는 바람에 스스로 결정해본 경험이 부족하고, 그러다 보니 자율성과 독립성이 개발되지 않은 채 멈춘 상태라 할 수 있습니다.

의존적인 성격 유형은 연인 관계에서도 '퇴행'하는 모습을 자주 보입니다. 어린아이가 부모에게 그러하듯, 자기중심적인 태도를 보이면서 상대가 자신에게 모든 것을 맞춰주기를 기대합니다. 결국 주변의 사람들이 서서히 지쳐 관계가 끝나면, 미련 없이 다른 관계로 갈아타기도 하고요.

만약 다음과 같은 특성이 강하다면 의존성 성격일 가능성이 높습니다.

- 다른 사람들의 조언이나 확신이 없이는 매일 매일의 결정을 내리기가 어렵다.
- 자기 인생의 매우 중요한 영역까지도 대신 책임져줄 수 있는 타인을 필요로 한다.
- 지지와 승인을 상실할까 봐 두려워서 타인의 의견에 반대하지 못한다.
- 자신의 판단과 능력에 자신이 없어서 혼자서 어떤 일을 시작하거나 수행하기 어렵다.
- 타인의 보살핌과 지지를 받기 위해 불쾌한 행동까지도 자청해서 한다.
- 스스로 잘해나갈 수 없다는 과도한 두려움으로 인해, 혼자 있으면 불편한 감정이나 무력감을 느낀다.
- 어떤 친밀한 관계가 끝나버리면, 그 상황이 견디기 힘들어서 곧바로 다른 관계를 찾는다.
- 스스로 자신을 돌봐야 하는 상황에 부닥칠지도 모른다는 두려움을 강하게 느낀다.

흔히 의존적인 성격 유형의 인정 욕구를 '인정 중독'이라 부릅니다. 이들 역시 남들에게 인정받았을 때만 자신의 가치를 확인하게 되므로, 누군가와의 관계 맺기에 있어서 일방적으로 동의하고 맞춰주려고 하죠. 이들은 동등한 대인 관계를 추구하지 못합니다. 상대는 의존의 대상이고, 자신의 심리적 안정을 지탱해줄 도구가 됩니다.

간혹 어린 시절 집단 따돌림의 경험이 있는 사람들도, 인정 중독에 빠질 수 있습니다. 버려짐에 대한 무의식적인 공포심을 방어하기 위해서 극단적으로 남들의 비위를 맞추며, 타인의 칭찬과 인정에 집착하게 되는 것이죠. 이들의 특징은 불공평한 상황에서도 자신의 불쾌한 감정을 표현하는 것이 어렵고, 오히려 자신의 상처를 상대방이 치유해주기를 기대하면서 더 굴종적인 태도를 보이게 된다는 점입니다.

④ 유형 4 : "끊임없이 관심 가져줘."

앞서 우리는 애착 불안이 상대적으로 높은 사람들이 어떤 방식으로 누군가의 인정을 얻고자 하는지 살펴봤었죠. 애착 불안 수준이 심각할 정도로 강한 사람들은 말 그대로 '끊임없이' 타인의 인정과 사랑을 갈구합니다. 이들에게 남들의 인정과 수용은 속이 빈 공허한 마음을 채워주고, 자신의 정체성을 만들어가는 원동력이기 때문이죠. 상대가 자신을 인정한다고 여기면 우상처럼 떠받들며 헌신하지만, 관심이 줄었다고 느끼거나 자신의 말에 수긍하지 않으면 자신을 무시했다고 여기며 분노를 표출합니다.

특히 친밀한 관계일수록 인정에 대한 갈망이 심해지죠. 예를 들어 연인이 24시간 자신에게 관심을 가져주기를 바라고 동시에 자신도 상대의 일거수일투족에 관심을 두게 됩니다. 행여나 상대가 일에 바빠서 전화하지 않거나 친구들과 자주 시간을 보내면, 자신에 대한 관심과 사랑이 변했다고 짜증내거나 불안해합니다. 이들의 사랑은 집착으로 보이는 경우가 많습니다. 그러다 상대가 숨이 막혀서 떠나버리면, 자신이 두려워했던 일이 현실로 일어났다며 힘들어합니다.

이는 '투사적 동일시projective identification' 또는 '자기 충족적 예언self-fulfilling prophecy'의 경우로 볼 수 있습니다. 앞서도 잠시 설명한 바 있지만, '투사적 동일시'란 무의식적으로 타인에게 자신의 부정적인 생각과 선입견을 투영하고, 이를 확인하려는 듯 행동해서 실제로 타인이 그렇게 행동하도록 만드는 방어 기제를 말합니다. 예를 들어 상대가 자신을 무시하고 배신할 거라고 속단해서, 자꾸 의심하고 화를 냅니다. 그러면 상대는 이유 모를 의심과 화에 지쳐서, 원래 그럴 생각이 없었음에도 불구하고 떠나게 되는 것이죠. '자기 충족적 예언'도 이와 유사한 개념입니다. 이렇게 될 거라는 미래에 대한 생각이 실제 현실로 나타나는 경향성을 의미하는 말인데요, 미국의 사회학자 로버트 머튼Robert Merton은 부정적인 자기 충족적 예언은 상황에 대한 잘못된 판단을 내리게 만들기 때문에, 실제로 부정적인 현실로 나타나기 쉽다고 말합니다.

이렇게 이 유형의 사람들은 타인의 인정을 너무 끊임없이 갈구하다가 타인의 인정으로부터 멀어지고, 새로운 사람을 만날 때마다 이 같은 패턴을 반복하며 심리적 고통을 받는 경우가 많습니다.

⑤ 유형 5 : "모든 일을 완벽하게 해야 마음이 편해."

완벽주의 성향이 높은 사람들 역시 남들의 칭찬과 인정에 대해 민감합니다. 이들은 자신의 사소한 실수조차 참지 못하고, 심하게 자책을 하거나 우울해하죠. 정확하게 말하면, 완벽성을 추구하는 것 자체가 문제라기보다는 실수를 용납하지 못한다는 게 문제입니다. 완벽이라는 말 자체가 이루기 불가능한 목표이기 때문입니다. 완벽주의 성향의 사람에게 실수가 어떤 의미인지 물어보면, 십중팔구 실수는 무능한 것이라고 말할 겁니다. 이들에게 무능하다는 의미는 무가치하다는 말과 동의어이고, 무가치한 존재가 되면 타인의 사랑과 인정을 받지 못한다는 무의식적인 생각이 자동적으로 이어집니다.

한 가지 흥미로운 사실은 완벽주의 성향에도 조금씩 차이가 있다는 점입니다. 캐나다의 심리학자 폴 휴잇Paul Hewitt과 고든 플렛Gordon Flett 교수에 의하면, 완벽주의 성향은 다음과 같

이 크게 세 가지 차원으로 나뉜다고 합니다.[107]

- 자기 지향 완벽주의
- 타인 지향 완벽주의
- 사회 부과 완벽주의

자기 지향 완벽주의는 완벽주의 성향이 자기 자신을 향하는 경우입니다. 한마디로 완벽한 자기 자신을 만들기 위해 노력하는 경우라 할 수 있죠. 언제나 너무 높은 기준과 목표를 자기 자신에게 적용시키기 때문에 결코 만족하는 법이 없고, 기준에 미달했을 경우 과도하게 자기 자신을 비난하거나 자책합니다.

타인 지향 완벽주의는 완벽주의 성향이 타인에게 향하는 경우입니다. 가족이나 연인, 친구, 직장 동료 등 주변 사람들에게 완벽함을 요구하는 건데요, 이 정도는 당연히 해야 한다며 요구하고, 거기에 미치지 못하면 화를 내거나 비난을 퍼붓습니다.

특히 한국을 포함한 아시아권의 집단주의 유교 문화에서는 이런 유형을 자주 볼 수 있습니다. 성공이란 게 단순히 개인의 일이 아니라, 가문의 영예이자 출신 학교와 출신 지역의 자랑거리로 여겨지니까요. 자식의 성공이 부모의 성공이 되는 상황이다 보니, 자녀에게 이 정도는 해야 한다고 당연하게 요구하는 것이죠.

개인주의 문화에서 자존감의 평가는 자신이 주체가 되지만, 집단주의 문화에서 자존감을 높이는 것은 집단 구성원의 인정으로부터 비롯되곤 합니다. 이 때문에 타인 지향 완벽주의는 서구보다는 상대적으로 아시아 문화권에서 높을 수 있습니다.[108] 그리고 이런 성향은 주변 사람들과의 갈등이나 불화로 이어질 수밖에 없죠. 그러나 자신의 기준을 타인에게 강요하는 것은 강요받는 상대에게는 상처가 될 수 있습니다.

마지막으로 사회 부과 완벽주의는 남들의 기대와 요구에 맞추기 위해 노력하는 것을 말합니다. 즉, 주변 사람들이 자신에게 높은 기대와 요구를 가지고 있다고 생각해서, 이를 충족시키기 위해 애를 쓰는 특성을 말합니다. 그 밑바탕에는 타인의 기대를 충족시키지 못할 경우, 거부당할 거라는 불안이 자리하고 있습니다. 타인의 인정을 받기 위해 타인이 부과한 가치나 기대를 내면화한 경우로, 자크 라캉Jacques-Marie-Émile Lacan이 말한 '타자의 욕망'에 휘둘려 사는 삶이 될 수밖에 없습니다.

이렇게 완벽주의 성향에도 조금씩 차이는 있지만, 지나치게 높은 기준과 기대를 충족시켜야만 가치 있는 존재라 믿고, 이를 위해 과도한 심리적 압박을 느끼며 산다는 것에는 변함이 없습니다. 물론 이러한 성향 덕분에 유능함을 인정받고 사회적 성취를 이루는 경우도 많지만, 매사 일을 할 때마다 실수하지 않기 위해 에너지를 쏟고 있으니 삶이 늘 긴장과 불안으로 가득합니다. 달리는 것에 익숙한 경주마가 천천히 걷지 못하는 것과 마찬가지죠.

⑥ 유형 6 : "나는 정말 대단한 사람이야."

유달리 자랑을 좋아하는 사람들이 있습니다. 동호 씨가 딱 그런 경우죠. 입만 열면 자기 자랑이고, 남들이 보기엔 별거 아닌 과거사를 회의 시간 내내 늘어놓기 일쑤입니다. 현재 동호 씨는 중견 기업의 팀장으로 일하고 있는데, 그가 가장 좋아하는 레퍼토리는 자기가 다른 회사에 있을 때 뭐도 했고 뭐도 했다는 업적 나열입니다. 팀원들은 '나는 말이야~'로 이어지는 동호 씨의 자랑이 너무 듣기 싫지만, 적당히 비위를 맞추면서 회의시간이 빨리 끝나기만 바랄 뿐입니다. 게다가 팀원들이 회의시간을 싫어하는 이유가 하나 더 있었는데, 가끔 동호 씨가 예상치 못한 순간에 미친 듯이 화를 내면서 감정을 폭발시키기 때문입니다. 회의를 하다 보면 서로 의견이 다를 수도 있고, 평소에는 동호 씨도 별다른 문제없이 넘어가곤 했습니다. 하지만 어떤 때는 얼굴이 시뻘겋게 변하고 책상을 쾅쾅 치면서 '지금 나를 무시하는 거야, 내가 그래도 팀장인데 말이야'라며 소리소리 지릅니다.

동호 씨는 자기애적 성향이 높은 유형입니다. 이 유형은 자신의 성취를 자랑하기를 좋아하고, 돈이나 외모 등을 과시하며, 그에 대해 인정과 칭찬, 존경받기를 갈구합니다. 모임을 가면 주인공이 되기를 원하고 남들의 부러움의 대상이 되기를 기대하죠. 다른 사람의 감정보다 자신의 욕구가 우선입니다. 그리고 남보다 자신이 더 우월하다는 것을 무의식적으로 드러내는 경향이 있습니다.

명예와 권력 그리고 돈에 대한 집착이 강하다 보니, 실제로 큰 성취를 이루는 경우도 많습니다. 그럴 경우 주변 사람들이 이를 받아주는 희생양이 되곤 하죠. 자기애적 성향의 유형은 타인에게서 받는 인정과 존경이 자존감을 유지하는 토대가 됩니다. 그만큼 이들의 자신만만하고 성공한 모습 뒤에는 열등감과 수치심이라는 취약한 심리적 토대가 자리하고 있습니다. 그래서 자신이 실패했다고 느껴지거나 타인이 자신보다 더 낫다고 느끼면, 강한 질투심과 분노를 폭발적으로 일으키곤 하죠.

이러한 자기애적 성향은 흔히 외현형과 내현형으로 구분됩니다. 외현형은 자기상이 웅대하고 강박적으로 과시하는 경향이 있는데요, 문제는 이들이 타인의 욕구에 대한 민감성과 공감 능력이 확연히 떨어진다는 점입니다. 그래서 남들로부터 무조건적이고 일방적인 인정과 찬사를 기대합니다. 심지어 이들은 자신의 성공을 위해서 주변 사람들을 착취하거나 이용하는 행동을 서슴지 않는데, 그럼에도 죄책감을 전혀 느끼지 못합니다. 왜냐하면 이들의 내면에는 과대한 특권 의식이 자리 잡고 있기 때문이죠. 남들과 다른 특별대우를 요구하고, 누군가 자신에 대해 부정적인 평가를 내리거나 인정하지 않으면, 분노가 폭발하면서 자신의 취약한 수치심과 열등감을 방어하려고 합니다.

내현형 역시 부정적인 평가에 두려움이 크고, 사회 불안과 적대감이 높은 성향이 있지만, 외현형보다는 억제하는 모습을 보입니다. 내현형의 특징을 들여다보면, 자존심이 강한 사람들의 특성과 유사합니다. 자존심이 강하다는 것은 자존감이 낮다는 말과 동일합니다. 자존감이 낮으면, 자기 수용에 어려움이 크고 타인과의 관계에서 과도하게 자존심을 내세우게 되는데, 내현형 역시 이 같은 특징을 고스란히 보입니다.

결핍 신호로서의
인정 욕구

그렇다면 이렇게 인정 욕구가 자신과 주변 사람들에게 심리적 고통을 줄 정도로 과도해지는 이유는 뭘까요? 한마디로 얘기하면, 지나친 인정 욕구는 '심리적 결핍에 대한 보상 심리'라고 할 수 있습니다. 앞서 애착 이론을 통해 자세히 살펴본 것처럼, 출생 이후 48개월, 즉 만 4세까지 부모 또는 주 양육자에게 '정서적 욕구emotional needs'인 사랑과 관심, 인정과 지지, 돌봄과 수용 그리고 예측 가능한 환경을 받았는지가 핵심입니다. 그리고 만 4세부터 만 6세까지의 24개월 동안 충분한 지지와 격려를 통해 자율성과 독립성을 개발할 수 있었는지, 아니면 과잉보호나 지나친 간섭과 통제를 받으며 성장했는지가 중요하죠.

사랑은 상대가 원하는 것을 존중하고 신뢰하는 행동입니다. 반면 집착은 상대와 자신에 대한 불안으로 인해 타인을 통제하고 소유하려는 행동입니다. '부모 또는 주 양육자가 사랑과 인정 그리고 신뢰와 자율성을 보장하였는가?', 사실 모든 심리적 문제의 근원이 이 질문에서 시작됩니다. 정상과 비정상을 가르는 인정 욕구의 기원도 바로 이 지점이죠.

부모에게 자녀로서, 즉 '존재being'로서 사랑과 수용을 받는 게 아니라, 부모의 기대나 바람에 부합하는 '행동doing'을 함으로써 인정과 사랑을 받을 경우, 아이는 어려서부터 자신의 존재감을 확인받기 위해서 타인의 시선에 민감해집니다. 뭔가를 해야만 보상으로서 사랑을 받으니 정서적 욕구를 제대로 채우기가 어렵죠.

다행히 인정과 사랑받고자 하는 욕구도 생물학적 욕구처럼 채우면 갈증이 해결됩니다. 문제는 너무 많은 사람들이 부모에게서 정서적 욕구를 제대로 채우지 못했고, 성인이 된 후 이를 다시 채우려면 많은 노력이 필요하다는 점입니다.

인영 씨는 우울하고 불행해 보이는 어머니를 대신해서 일찍부터 '부모화parentification'가 된 경우였습니다. 부모화란 부모와 자녀의 '역할의 뒤바뀜'을 말하는데요, 부모를 대신해서 일찍부터 가사를 하거나 심지어 부모의 정서적 배우자 역할을 하는 경우가 해당됩니다. 어른이 된 인영 씨가 엄마에게서 제일 듣고 싶어 하는 말은 "나 때문에 고생이 많았지? 정말 미안하고 고맙다."는 말이었습니다. 하지만 어린 시절 힘들었던 기억을 꺼내며 투정을 부리는 순간, 돌아오는 말은 "갑자기 지난 일을 왜 끄집어내니? 너만 힘들었어? 힘들어도 내가 너보다 몇 배는 더 힘들었을 거야."라는 핀잔이었습니다. 과거의 아픔을 마주하기 위해 용기를 냈던 인영 씨는 어머니의 그 말에 더 큰 상처를 받고 말았죠.

이런 식으로 우리는 어린 시절의 상처를 부인당하곤 하는데, 이때 정서적 욕구를 제대로 채우지 못해 결핍된 나를 자각하고 있는지가 매우 중요합니다. 만약 결핍 상태에 놓인 나를 자각하지 못한다면, 새로운 사람들과 건강하고 안정된 관계를 맺기 위한 노력을 기울이기가 쉽지 않습니다. 왜냐하면 부정적인 '핵심 신념'이 내면 깊숙이 자리 잡아 우리의 생각과 감정 그리고 행동을 지배하기 때문입니다.

나의 핵심 신념은
무엇일까

그렇다면 핵심 신념이란 뭘까요? 우리는 누구나 마음속에 '나는 이런 존재야', '남들은 이런 존재야', '세상은 이런 곳이야'라는 자신만의 믿음을 갖고 살아갑니다. 이게 바로 핵심 신념인데요, 한 개인이 '나, 타인과 세상, 미래'에 대해 가지는 세 가지 관점을 의미합니다. 이는 인지 행동 치료cognitive behavior therapy의 중요한 개념 중 하나로, 어린 시절에 부모와 같은 중요한 사람과 상호 작용을 하면서 만들어지며, 삶을 살아가는 데 가장 중심을 이루는 근원적인 믿음을 말합니다.

안타깝게도, 유아기 시절 부모나 주 양육자로부터 충분한 관심이나 돌봄을 받지 못할 때, 우리의 무의식에 스스로가 무가치하고 쓸모없다는 핵심 신념이 만들어집니다. 무의식 깊이 자리 잡은 부적절감과 열등감은 자신도 모르게 타인의 눈치를 살피게 만들고, 끊임없이 타인을 통해서 자신의 존재를 확인받고자 하죠. 이런 이들은 대개 다음과 같은 핵심 신념을 갖고 있습니다.

- 자아관 view of self : 나는 무가치하다, 쓸모없다, 무능하다, 사랑받을 만한 존재가 아니다, 열등하다.
- 타인/세상관 view of others/world : 타인은 믿을 수 없다, 나를 무시한다, 나에게 해를 주려 한다, 세상은 위험하다.
- 미래관 view of future : 앞으로 내 삶은 변하지 않을 것이다, 미래에도 나는 희망이 없다.

무의식 깊은 곳에는 스스로에 대해 부정적인 생각을 가지는 내가 있지만, 한편으론 이를 받아들이고 싶지 않은 나도 있습니다. 자기 자신이 쓸모없고 무가치하다고 인정하는 것은 너무 커다란 고통이니까요. 그래서 우리는 부정적인 핵심 신념의 고통을 극복하기 위해, 수많은 당위적 신념이나 가정을 만들어냅니다. 이를 인지 행동 치료에서는 '중간 신념'이라 부르는데요, 예를 들어 다음에 나오는 예시들은 부정적인 핵심 신념을 가진 사람들이 보이는 역기능적인 신념들입니다.

충분한 수용 경험의 결핍에 따른 과도한 보상 신념의 예
- 나는 나를 사랑하는 사람들에게 보살핌을 받아야 한다.

- 나는 이해받아야 한다.
- 나는 사랑받지 않는다면 아무것도 아니다.
- 거부당하는 것은 세상에서 최악의 일이다.
- 나는 남들을 기쁘게 해줘야 한다.

무능력함과 관련된 역기능적인 보상 신념의 예

- 나의 존재는 내가 이루는 성취물이다.
- 내가 최고 자리에 있지 않으면, 나는 실패자이다.
- 내가 약해지면, 나는 실패할 것이다.
- 나는 내가 하는 것마다 최고가 되어야 한다.
- 실수하면, 실패할 것이다.

과도한 간섭이나 통제감 상실에 대한 보상 신념의 예

- 나는 남들이 내게 무엇을 하라고 말하는 것을 참을 수 없다.
- 통제력을 가지려면 나는 완벽해야 한다.
- 나는 통제할 수 없는 상황을 참을 수가 없다.
- 규칙과 규제는 나를 구속한다.
- 내가 누군가와 무척 가까워지면, 그 사람은 나를 통제할 것이다.

각각을 살펴보면, 앞서 과도한 인정 욕구의 유형에서 이야기한 여러 사례 및 설명과 맞닿아있음을 알 수 있을 겁니다. 한마디로 요약하면, 채우지 못한 정서적 욕구는 부정적인 핵심 신념을 만들고, 부정적인 핵심 신념의 고통을 이겨내기 위해 만들어진 보상 신념들은 우리의 삶 속에서 끊임없이 말과 행동으로 드러난다는 이야기입니다.

사실 정상과 비정상의 구분은 쉽지 않습니다. 이분법적인 구분이 아니라 연속선상에서 봐야 하고, 개인의 삶에서 얼마나 심각하게 자신과 주변 사람들에게 고통을 주는지를 함께 생각해봐야 하죠. 인정받고 싶은 욕구가 문제가 아니라, 그 정도가 과한 경우가 문제입니다. 술 마시는 것을 좋아한다고 다 알코올 중독자인 것은 아니니까요. 적당한 술은 기분을 좋게 만들고 인간관계의 윤활유가 될 수 있지만, 알코올 중독에 빠지면 술을 먹지 않았을 때 불안하고 술을 먹어야 심리적인 안정감을 얻게 되며 평소에 술에 대한 갈망을 늘 가지게 되죠.

마찬가지로 칭찬과 인정을 받고 싶은 마음 역시 사회가 기대하는 바람직한 행동을 하게 만들고, 남들의 인정을 통해서 더 열심히 하려는 동기가 될 수 있습니다. 그러나 과도한 인정 추구는 자신의 욕구나 바람은 전혀 인식하지 못한 채 남들의 욕망이나 기대에 끌려 살아가는 심리적 노예를 만들 수 있습니다. 심리적으로 건강한 개인이란, 적절한 경계를 가지고 독립적이고 자율적으로 생활하면서도, 때로는 상호 의존적인 행동도 할 수 있는 사람입니다.

Chapter 9.

내 마음의
빈자리를

채우는
연습

남들의 칭찬과 인정에 목을 매며 사랑받으려고 할 때, 우리는 눈치를 보게 되고 소신 없는 행동을 하게 됩니다. 이는 자율적이고 주도적인 삶에 걸림돌이 되고 자칫 불안한 삶으로 이어질 수 있죠. 앞서 살펴본 것처럼, 지나친 인정 욕구의 무의식 근원에는 존재의 무가치함과 수치심이 들어있습니다. 자신의 무가치함을 외부의 인정을 통해서 회복하려는 마음인 것이죠.

그래서 이번 장에서는 남들의 인정과 관심에 더 이상 휘둘리지 않으려 하지만 여전히 불안한 마음이 남아있는 사람들을 위해, 스스로 마음을 다스리는 방법을 이야기하고자 합니다. 자신을 부정하는 불안과 두려움을 들여다보고, 있는 그대로의 나를 수용하기 위한 방법들을 고민해볼 때입니다.

생각과 감정에
무슨 일이 생긴 걸까

우리가 겪는 상황들은 때로 모호해서 그 맥락이 의미하는 바가 무엇인지 나름의 해석이 필요할 때가 많습니다. 바로 이 순간, 부정적으로 해석하는지 긍정적으로 해석하는지를 결정하는 것이 앞서 이야기한 핵심 신념과 그로 인해 만들어진 당위적 신념들이죠.

그렇다면 나는 상황을 어떻게 해석하고 있을까요? 우선 아래 각 시나리오를 읽고 제시한 상황에 몰입해서, 이어지는 자의적 해석에 얼마나 동의하는지 체크해보세요.

---

(1) 나는 대학생이다. 점심을 먹으려고 학생 식당에 들렀는데 저 멀리 별로 친하지 않은 동기 무리들이 함께 식사하고 있는 걸 발견했다. 음식을 주문하고 동기들을 지나쳐 자리를 잡으려는데 내가 가까워지자 동기들이 대화를 멈추었다.

상황에 대한 아래의 해석에 얼마나 동의하십니까?

"동기들이 나에 대해 안 좋은 이야기를 하고 있었기 때문에 대화를 멈춘 것이다."

① 전혀 동의하지 않는다 - 1점

② 다소 동의하지 않는다 - 2점

③ 그저 그렇다 - 3점

④ 약간 동의한다 - 4점

⑤ 매우 동의한다 - 5점

----

(2) 나는 취준생이다. 취업 준비로 한창 바쁘던 차에 시간을 내
어 친한 친구와 티타임을 갖게 되었다. 요즘 내 관심사가 온통
기업 면접에 쏠려있다 보니 친구와 취업 고민에 대한 이야기
를 주로 나누었는데, 시간이 갈수록 친구의 말수가 줄어들었다.

상황에 대한 아래의 해석에 얼마나 동의하십니까?

"내 이야기만 너무 많이 해서 친구가 언짢아한다."

① 전혀 동의하지 않는다 - 1점

② 다소 동의하지 않는다 - 2점

③ 그저 그렇다 - 3점

④ 약간 동의한다 - 4점

⑤ 매우 동의한다 - 5점

(3) 나는 입사 1년 차이다. 얼마 전 신입 사원이 들어왔는데 간단한 업무 처리에도 고전하는 것 같아 자주 조언해주게 되었다. 어제 신입 사원이 새 프로젝트의 일원이 되어, 맡은 일을 잘 처리할 수 있도록 '일처리 노하우' 메모를 만들어 전해주었는데, 신입 사원의 표정이 좋지 않다.

상황에 대한 아래의 해석에 얼마나 동의하십니까?
"신입 사원은 속으로 내가 너무 심하게 간섭해서 부담스럽다고 느끼고 있다."

① 전혀 동의하지 않는다 - 1점

② 다소 동의하지 않는다 - 2점

③ 그저 그렇다 - 3점

④ 약간 동의한다 - 4점

⑤ 매우 동의한다 - 5점

위 질문들은 다양한 상황을 어떻게 해석하는지 알아보기 위한 것인데요, 각자의 관점을 알아보기 위한 질문들이므로 정답이 있는 것은 아니지만, 총합이 높을수록 상황을 부정적으로 받아들이는 경향성이 높다는 것을 의미합니다. 첫 번째 상황에 대해 누군가는 '마침 다들 음식에 집중하느라 말을 멈추었구나'라고 해석하는 반면, '분명히 내 뒷담화를 하던 게 틀림없다!'고 확신하는 사람도 있다는 것이죠. 이렇게 주어진 상황에서 우리는 각자 다르게 해석하는 경향이 있습니다. 특히 평소 생각과 감정을 주로 억압을 하는 사람들의 경우, 막연하게 불안이나 두려움을 경험하지만, 왜 그러한 감정을 느끼는지에 대해 잘 모르는 경우가 많습니다. 그러니 이제부터는 불쾌한 감정을 느끼는 자신을 알아차려 보세요.

매 순간 타인과의 관계에서 일어나는 감정을 관찰하다 보면, 유사한 상황에서 비슷하게 생각하는 자신을 만날 수 있습니다. 1번 질문에 '매우 동의한다'를 선택한 사람이라면, 아마도 새 옷을 입고 출근했을 때 직장 동료가 "어머, 못 본 옷이네?"하고 던지면 이런 식으로 해석할 경향이 높습니다. '옷이 별로인가?', '맨날 옷 사느라 돈을 펑펑 쓴다고 비꼬는 건가?'라는 식으로 말이죠.

이러한 생각을 인지 행동 치료에서는 '자동적 사고'라고 부릅니다. 불안과 수치심, 염려 등을 이유 없이 자동적으로 느낀다고 해서 붙여진 이름이죠. 이러한 자동적 사고는 컴퓨터에 깔린 프로그램처럼 반사적으로 일어나기 때문에 통제하기도 어렵습니다.

이때 도움이 되는 것이 바로 '생각 관찰 일지'를 써보는 것입니다. 아래 예시를 참고해서, 매일 저녁마다 생각 관찰 일지를 꾸준히 작성하면, 자신이 습관적으로 떠올렸던 부정적 생각 패턴을 파악하는 데 효과적입니다. 방법은 간단합니다. 오늘 하루 있었던 일 중 마음에 걸리거나 신경이 쓰인 상황을 떠올린 다음, 그 순간 자신이 자동적으로 떠올렸던 생각을 적습니다. 그다음 생각 뒤에 숨겨진 자신의 감정의 정체가 뭔지 살펴보고, 감정의 강도를 수치화해서 적어보면 됩니다.

생각 관찰 일지

상황 / 사건	자동적 사고	기분과 강도(%)
아는 지인이 나를 본 것 같은데 아는 척하지 않고 지나갔다.	저 사람이 날 무시하네?	화 / 60%
	내가 실수한 게 있나?	불안 / 50%
	무슨 일이 있길래 나를 못보고 지나가지?	걱정 / 40%

습관이나 행동을 변화시키기 위해 해야 할 첫 번째 단계는 자기 관찰 연습입니다. 자신의 생각과 행동을 객관적인 눈으로 관찰하면서 내면의 목소리를 들어보세요.

남을 향했던 시선을
나에게로 돌릴 것

흔히들 있는 그대로의 나를 받아들이라고 말하지만, 자신을 비난하지 않고 있는 그대로 수용하는 것은 참 어려운 일입니다. 하지만 그럴수록 우리는 스스로에 대해 관대함을 보일 필요가 있습니다. 남들이 나를 인정하는지 아닌지는 내가 통제할 수 있는 문제가 아니니까요. 우리가 통제하고 조절할 수 있는 것은, 오직 우리 자신뿐임을 받아들여야 합니다. 5만 원짜리 지폐가 구겨지고 귀퉁이가 떨어졌다고 해서 5만 원의 가치가 떨어지는 것은 아닙니다. 존재로서 충분히 가치가 있죠. 나라는 존재 역시 마찬가지입니다. 이것이 내 삶을 주체적으로 사는 방법이고, 타인의 인정과 칭찬에 목을 매는 심리적 노예 상태에서 풀려나는 지름길입니다.

하지만 지금까지 남들을 향해있던 시선을 나 자신에게로 돌리는 일에는 의식적이고 반복적인 연습이 필요합니다. 여태껏 '남들이 뭐라고 할까, 그 사람은 어떻게 생각할까'라고 고민해왔던 생각의 방향을 하루아침에 '나는 어떻게 느끼고 있을까, 내가 원하는 것은 무엇일까'로 전환시키는 과정이 쉽지는 않으니까요.

이때 연습의 일환으로 도움 되는 것 중 하나가 '나 전달법

I-message'입니다. 원래 나 전달법은 미국의 심리학자 토마스 고든Thomas Gordon이 아이들을 위한 놀이 치료에 도입했던 방법인데요, 이후 많은 자녀교육서와 자기계발서에서 현명한 대화법으로 소개되고 있습니다.

나 전달법의 핵심은 어떤 사건이나 상황이 일어났을 때 내 감정과 느낌, 욕구에 초점을 두고 말하라는 겁니다. 예를 들어, 아이가 숙제를 안 하고 놀고 있을 때, "너는 왜 숙제도 안 하고 놀고 있어? 맨날 그러니까 성적이 그 모양이지!"라며 아이에 대한 지시사항을 중심으로 이야기하는 것이 아니라, "나는 네가 숙제를 안 하고 놀아서 걱정이 되는구나(느낌과 감정). 숙제를 먼저 하고 놀았으면 좋겠어(욕구)."라며 상황에 대한 내 느낌과 욕구를 있는 그대로 전달하라는 것이죠.

이런 식의 나 전달법을 스스로에게 적용해보면 어떨까요? 예를 들어 팀장이 지시한 일을 하려고 하는데 왠지 불안하고 자신이 없는 상황입니다. 칭찬과 인정 욕구가 강한 사람일수록 이런 경우에 '팀장님이 이 아이디어를 좋아하실까? 내가 제대로 못해서 사람들이 욕하면 어쩌지?'라며 생각의 방향이 남을 향하고 있을 겁니다. 하지만 나 전달법을 적용하면, "저는 팀장님이 제 아이디어를 좋아하실지 좀 걱정이 되네요. 이 일이 대박이 나서 제 실력을 보여줄 기회가 되면 좋을 것 같아요."라고 염려스러운 감정과 잘하고 싶은 욕구를 상대에게 표현해볼 수 있습니다. 타인과의 관계에서 자신의 진솔한 마음을 표현하는 것은 쉽지 않지만 신뢰와 친밀감을 높이는 기초가 되죠. 인간은 누구나 자신의 취약한 감정을 드러내기를 불편해하고 자신의 욕구를 타인에게 표현하기를 힘들어합니다. 굳이 말을 하지 않아도 상대가 이해해주기를 바라는 마음이 크죠. 특히 자존감이 낮은 사람들은 타인에게 자신의 마음을 드러내는 것에 열등감을 느끼는 경우가 흔히 있습니다. 하지만 이런 식으로 나의 마음에 초점을 두는 일에 익숙해지면, 그때부터는 내면에 자리 잡은 부정적인 핵심 신념의 영향에서 조금씩 벗어날 수 있게 됩니다. 나의 생각과 감정 그리고 욕구를 표현하는 것은 자존감을 높이는 가장 기본이 되는 방법이기 때문입니다.

남에게 휘둘리는 삶이란 나를 붙잡아주는 중심축이 없다는 이야기입니다. 이때의 중심축이란 바로 핵심 신념을 의미하죠. 예를 들어 흔한 부정적인 핵심 신념 가운데 하나가 '나는 무능하다'인데, 여기에서 기인하는 부정적인 자동 사고가 '못할 것 같아, 잘 안 될 것 같아, 무시당할 것 같아' 등과 같은 사고입니다. 만약 나 스스로를 있는 그대로 바라보는 과정에서 이러한 생각을 발견하게 되었다면 이제부터는 다음의 예처럼 긍정적인 말로 바꿔보세요.

- 나는 타인의 인정 여부와 상관없이 세상에 유일한 존재로서 가치 있는 사람이다.
- 나는 자유 의지를 가진 사람이며, 타인의 기대나 요구에 휘둘리지 않고 나의 행동을 내가 결정할 수 있다.
- 설사 과거에 수많은 실패 경험을 했어도, 이는 인간으로서 내가 무가치한 존재라는 의미가 아니라 실수할 수 있는 인간으로서 충분히 있을 수 있는 일이다.

나를 위한
위로의 한마디

심리학에는 '스스로 위로하는 자기self-soothing / self-comforting self'라는 용어가 있습니다. 고통과 불안, 염려 등에서 벗어나기가 너무 힘들 때 이를 벗어나기 위해 애쓰는 대신, 자신을 위로하고 달래줄 말이나 행동을 찾아보는 걸 뜻하죠. 때로 우리는 너무 고통스러워서 상황을 객관적으로 들여다보기가 힘든 순간을 경험합니다. 그럴 때 '이러면 안 돼'라며 고통을 직시하기 힘든 나를 구석까지 몰아붙이지 말고, 나를 위로해줄 수 있는 말이나 행동을 해보라는 말입니다.

이때 가장 도움이 되는 것 중 하나가 가슴 벅찼던 경험을 떠올려보는 것입니다. 어렵고 힘든 일을 해냈을 때 느꼈던 당당함, 낙담한 마음을 다잡도록 해준 책 속 한 줄, 나를 인정해주고 알아주는 누군가의 말 등은 모두 나를 다독이고 내 마음의 빈자리를 채워주는 에너지가 됩니다.

미정 씨는 가난한 가정에 위로 오빠가 둘 있고 아래로 여동생 하나가 있습니다. 중학교 때 공부를 곧잘 했지만, 대학에 다니는 오빠들 때문에 실업계 고등학교에 진학해야 했죠. 하지만 미정 씨는 학업에 대한 꿈을 포기하지 않았습니다. 고등학교 졸업 후 취업을 한 뒤에는 사이버대학교 학부 과정을 이수했고, 이제는 종합대학 경영학 석사과정 마지막 학기를 남겨두고 있습니다. 어릴 때는 대학을 보내주지 않은 부모에 대해 원망을 많이 했었지만, 고등학교 3학년 담임선생님과 20년 뒤에 다시 만나자고 약속했던 일이 큰 힘이 되었죠. 직장 일과 학업을 병행하는 게 너무 힘들어서 포기하고 싶은 마음이 여러 차례 들었지만, 선생님과의 약속을 떠올리면 다시 힘이 났습니다.

유정 씨는 책 읽는 것을 좋아하는데, 답답하고 힘들 때면 언젠가 읽었던 책 속 한 줄을 떠올립니다. 평소 유정 씨는 주변의 부탁을 잘 거절하지 못해서 의무적으로 해야 하는 일들에 치이는 경우가 많았습니다. 그런데 재미삼아 읽었던 책 속 주인공이 해야 할 일을 미루고 오늘은 실컷 놀겠다면서 '그

건 미래의 내가 알아서 하겠지'라고 말하는 장면을 보고 충격을 받았죠. 남들 보기엔 별 거 아니겠지만, 그녀는 '아, 이런 식으로 생각할 수도 있는 거구나'라는 깨달음을 그때 처음 얻었습니다.

이렇게 각자가 기억하고 있는 위로의 말들을 떠올려보면, 스스로를 다독이고 격려할 수 있는 힘이 생깁니다. 때로는 이런 말을 건네는 대상이 미래의 나일 수도 있습니다. 현재의 나는 힘들고 고통스러울 수 있지만, 이 고통을 이겨내고 내가 원하는 위치에 도달한 미래의 나는 현재의 나에게 격려의 말을 건넬 수 있으니까요.

안정감을 찾아주는
아주 소소한 것들

남들의 칭찬과 인정에 목매지 않고 나 자신의 삶의 만족감을 높이기 위한 심리적 해법이라고 해서, 무조건 거창할 필요는 없습니다. 작고 사소한 것들 역시 충분히 우리 삶의 만족감을 높여줄 수 있죠. 마음속에 불안과 염려, 분노가 밀려오고 자꾸만 관계에 휘둘리는 나를 발견할 때, 일상에서 쉽게 해볼 수 있는 소소한 방법 몇 가지를 소개합니다.

① 상상만 해도 마음이 편안해지는 나만의 풍경과 소리

때로 자연은 우리에게 가장 편안한 휴식이 되어줄 수 있습니다. 안전하고 편안한 장소나 상황safe haven을 떠올리면서 자신이 좋아하는 음악을 틀어보세요. 오래전에 들었던 음악을 듣는 순간, 과거의 일들이 향수처럼 다가오고, 마음은 어느덧 그리움으로 촉촉해집니다.

마음이 편안해지는 자연의 소리를 떠올려보는 것도 좋습니다. 빗소리, 귀뚜라미 소리, 파도 소리, 새 소리 등의 자연의 소리는 뇌의 '알파파'를 높이고 '베타파'를 감소시켜주거든요. 알파파'는 정신을 집중했을 때나 안정을 취하고 있을 때 나오는 주파수이고, 베타파는 뇌가 불안할 때 나오는 주파수죠.

또 자연의 소리 가운데 특히 열대 우림 소리는 초저주파에서 초고주파의 소리들이 많은데, 이러한 주파수는 인간의 뇌간을 자극한다고 합니다. 뇌간은 가장 원시적인 뇌로 인간의 심장과 호흡, 혈압, 체온, 맥박 등 기본적인 생명 활동에 관여하죠. 그래서 열대 우림 소리는 몸을 이완시키는 데에 탁월한 효과가 있다고 하니 참고하길 바랍니다.

② 옛날의 내가 해보고 싶던 것들 해보기

비록 우리가 성인의 신체를 가지고 있지만, 우리의 '내면 아이'는 여전히 마음속에 공존하고 있습니다. 그래서 우리는 어린 시절 상처받았을 때 스스로를 보호하기 위해 행동했던 방식을 지금도 인간관계에서 그대로 사용하는 경우가 많습니다. 그러므로 상처받은 내면 아이가 더 이상 방어적으로 행동하지 않도록, 나의 내면 아이를 돌봐주세요. 이를 위해 좋은 방법 중 하나가 과거의 내가 채우지 못하고 건너뛴 욕구를 이제라도 채워주는 것입니다. 예를 들어 어린이날 다른 친구들이 부모의 손을 잡고 놀이공원이나 동물원 구경 가는 모습을 부러워했다면, 이제라도 타인의 눈치를 보지 말고 마음속 내면 아이를 데리고 가보는 겁니다. 너무 일찍 철이 든 바람에 비싼 인형의 집을 갖고 싶어도 말 못하고 구경만 했다면, 이제는 상처 입은 내면 아이에게 인형의 집을 선물해줄 수도 있을 겁니다.

내면 아이의 욕구를 채우는 과정은 그저 물질적인 것에 그치지 않습니다. 어린 시절의 내가 듣고 싶었던 따뜻한 말을 내면 아이에게 건네거나 편지를 쓰는 것도 좋은 방법입니다. 중요한 것은 옛날의 내가 해보고 싶었던 것을 하나씩 해나가는 과정을 통해, 마음속 내면 아이에게 따뜻한 돌봄과 위로를 전하는 것입니다.

③ 한 번도 해보지 않은 경험에 도전하기

상대적으로 단일 문화를 유지한 우리나라는 다른 나라들

과 비교해서 타인의 시선에 좀 더 민감합니다. 겨울에 짧은 바지를 입고 다니면 당장 이상한 눈초리로 쳐다보겠죠. 해외여행을 갔을 때 좀 더 자유로운 느낌이 드는 이유는 나를 아무도 모르는 낯선 곳이다 보니 그만큼 타인의 시선으로부터 자유롭기 때문입니다. 그만큼 우리는 여유가 없고 남의 시선을 의식하며 압박감을 주는 삶을 살고 있는 것이죠.

타인으로부터 자유롭고 싶다면 일탈과 자유를 경험하는 일도 중요합니다. 그런 의미에서 살면서 한 번도 해보지 않은 일에 도전해보는 것을 추천합니다. 평소에 활동적이지 않은 편이라면 활동적인 것으로, 평소에 제대로 놀지 못했다면 실컷 놀 수 있는 것으로 도전해보세요. 취미, 배움, 사교활동 등 어떤 영역에서든 상관없습니다. 평소에 한 번도 해볼 생각을 못했던 활동을 찾아서 해보는 것 자체가 새로운 자유 경험의 계기가 되어주니까요.

④ 감사하는 마음으로 바라볼 것

심리 내적 상태는 외부 현상에 대한 인식의 차이를 낳습니다. 물이 반이 들어있는 컵을 보면서, '물이 반이나 있네' 혹은 '물이 반밖에 없네'라고 인식하는 지각의 차이는 어디에서 오는 걸까요? 핵심은 바로 욕구의 차이입니다. 갈증이 심할 경우에는 '반밖에'라는 말이 나올 것이고, 벌칙으로 물을 억지로

먹는 상태라면 아직 '반이나' 남은 마음이 들 겁니다.

같은 맥락에서, 우리의 마음이 결핍 상태로 이어질 경우, 선택적인 주의가 일어나 매사 불만족으로 이어지기 쉽습니다. 짜증이나 초조함이 마음을 지배하는 것이죠. 반대로 감사의 눈으로 보면, 심리적인 안정이 일어나고 충만한 기분이 들면서 문제해결 능력이 높아지게 됩니다. 그러니 일희일비 할 필요 없이, 나에게 도움이 되는 쪽에 집중하세요.

비록 모든 것이 절망적으로 보이는 경우라 할지라도, 그 안에서 감사하는 것들을 찾아볼 수 있습니다. 읽던 책을 멈추고 눈을 감고 차분히 생각해보세요. 사랑하는 부모가 건강히 살아 계시다는 상황에, 또는 사무실이나 침대에서 여유롭게 책을 읽을 수 있는 상황에, 또는 퇴근 후에 나를 반기는 아이들의 미소를 볼 수 있다는 상황에 감사할 수 있을 겁니다.

감사하는 마음은 이미 나에게 주어진 것에서 나오고, 불행은 얻지 못한 것에 대한 불평 그리고 타인과의 비교를 통해 생긴다는 것을 기억하세요.

⑤ 내가 가진 것을 나누기

우리는 결핍된 마음이 들 때 불안하고 바빠집니다. 내 것을 나누기보다는 외부의 물질이나 인정에 더욱 목을 매게 되죠. 인색한 마음은 더 큰 결핍을 느끼게 만들고 타인과의 관계에서 미숙함을 낳게 됩니다. 반면 나누는 행동을 통해 우리는 더 충족된 마음을 가질 수 있습니다. 타인의 감사하는 모습을 통해 존재가 확인받게 되고 연결된 느낌을 가질 수 있죠. 또 자신으로 인해 남들이 기뻐하고 행복해하는 모습을 보면, 우리 자신도 행복해지는 경향성이 있습니다.

나눔 활동은 물질적일 수도 있고 소중한 시간을 나누는 것일 수도 있습니다.[109] 예를 들면, 아이가 커서 이제는 사용하지 않은 장난감이나 책, 옷 등을 이웃과 나눌 수도 있고, 우리의 시간을 나누어 어려운 아동·청소년들의 멘토 역할을 할 수도 있습니다. 동호회 카페에서 회원들에게 사용하지 않은 물품을 필요한 회원에게 무료로 나눠줄 수 있고, 동시에 자신이 필요한 물건을 다른 회원들에게 무료로 받을 수도 있습니다. 나눔이나 기부하기를 통해 행복을 경험한 사람들은 그 기쁨의 맛을 알기 때문에 이후에도 무료 나눔이나 기부 활동을 계속하게 됩니다. 나눔을 통해서 정서적으로 타인과 연결이 되면, 이는 개인적인 안녕감으로 이어지게 되죠. 실제로 노르웨이에서 자원봉사자를 대상으로 한 연구를 보면, 자원봉사 활동을 통해서 삶의 행복과 만족도가 높아졌다고 합니다.[110]

⑥ 명상을 통해 조율된 삶을 살기

과도한 욕구는 무의식적인 행동을 하게 만듭니다. 무의식적인 욕구는 자동적인 반응이라 알아차리기가 어렵죠. 앞서 매 순간 자신의 감정과 욕구 그리고 생각에서 떨어져 바라보는 연습을 해야 한다고 말했는데, 이를 위해 가장 좋은 방법 중 하나가 바로 마음챙김 명상입니다. 다른 말로 마인드풀리스 명상mindfulness meditation이라 부르는데요, 온전한 마음으로 깨어서 자신의 마음과 신체를 바라보고 알아차리는 명상을 말합니다. 마음챙김 명상의 핵심은 생각을 없애는 게 아니라, 생각과 감정이 일어나는 것을 알아차리는 데에 있습니다.

우선 편한 자세로 등을 등받이에 붙이고 편안하게 눈을 감아보세요. 그리고 입을 다물고 천천히 호흡을 코로 들이쉬고 내셔보세요. 콧구멍으로 숨이 들고 나는 느낌에 집중하다가 생각이나 감정이 일어나면, '아, 내가 이런 생각을 하고 있구나' 또는 '아, 내가 이런 감정을 느끼고 있구나' 하고 알아차리면서 다시 코의 호흡으로 돌아갑니다. 이 과정을 반복하다 보면, 서서히 날뛰던 생각과 감정이 잦아들면서 마음이 차분해짐을 느낄 수 있습니다. 매일 시간을 내어 하루에 단 몇 분씩이라도 자신의 내면을 들여다보는 명상 수련을 해보기를 권합니다.

⑦ 심리 상담 받아보기

심리 상담에 대해 여전히 불편해하는 사람들이 간혹 있는

데, 상담은 반드시 문제가 있어서 받는 게 아닙니다. 삶이 불만족스럽거나 불행함을 느낀다면 우리의 사고나 신념 그리고 행동에 대한 자각과 통찰이 필요합니다. 하지만 인간의 본성은 공포와 두려움을 본능적으로 피하고자 합니다. 그래서 자신의 고통스러운 감정을 다시 느끼고 경험하는 것에 수치심과 두려움을 느끼죠. 만약 혼자서 자신을 마주하는 일에 대해 두려움이 크다면, 전문적인 훈련을 받은 심리 상담사의 도움을 받는 것도 좋은 방법입니다.

때로 교육 수준이 높은 사람 중에는 자신의 심리적 고통에 대한 원인을 잘 알고 있어도, 여전히 그 문제에서 빠져나오지 못하는 경우가 있는데, 이는 지적인 통찰이 정서적인 통찰을 보장하지 못하기 때문입니다. 지금 자신의 문제를 이해하는 것은 '현재의 자기present self'입니다. 상처 입은 '과거의 자기'가 억압되어 있다면, 머리와 가슴이 따로 놀 수밖에 없죠. 그러니 이럴 때는 전문적인 도움을 통해 통합되지 못한 과거의 자기와 만날 필요가 있습니다. 심리 상담을 통해서 마음 깊은 곳에 묻어두었던 상처를 직면하는 것은 분명 삶의 전환점이 될 수 있습니다.

남들이 나를
인정하는지 아닌지는
내가 통제할 수 있는
문제가 아니다.
우리가 통제하고
조절할 수 있는 것은,
오직 우리 자신뿐이다.

Chapter 10.

다시
행복을

이야기하기
위해서

지금까지 우리는 인정받고 싶은 마음이 우리의 삶에 어떤 영향을 끼치는지 살펴봤습니다. 이를 통해 남이 아닌 나를 기준으로 삶의 방향을 정하는 것이 얼마나 중요한지를 알 수 있었죠. 내가 누구인지 이해하고 진정 원하는 게 무엇인지 자각하는 것은 어려운 일이지만, 더 이상 타인의 인정으로부터 휘둘리지 않기 위해서는 자신을 아는 일이 우선입니다.

그래서 이 장에서는 다시 처음으로 돌아와, 내면의 욕구를 알아차리고 이를 기반으로 행복한 삶을 꾸리기 위한 방법을 이야기하려고 합니다. 행복은 나의 시선을 내부로 향했을 때 찾아오는 것이죠. 이를 위해서는 진짜 '나다운' 게 어떤 건지 알아가고 실천하는 행동이 필요합니다.

모든 것은 나다움에서,
나의 강점 찾기

중소기업에서 영업 관리직으로 일하는 준호 씨는 일상이 지루해 견딜 수가 없습니다. 준호 씨의 하루는 언제나 비슷합니다. 출근하면 거래처에서 들어온 팩스와 메일을 확인하고, 회계 프로그램에 접속해 출고 처리를 합니다. 그 다음 자재와 상품 재고를 확인하고 각 거래처에 전화를 돌리며 주문을 넣거나 일정 체크를 하죠. 특별한 일이라고 해봤자, 담당자들에게 싫은 소리를 하며 독촉하거나, 외근을 나가 미팅을 하는 정도가 고작입니다. 재미있는 건 같은 부서에서 일하는 동료 직원 정민 씨는 지금의 일에 큰 보람을 느끼며 매우 만족하고 있다는 사실이었죠. 정민 씨는 이런 일상이 안정적이며, 자재 수급과 작업 일정을 꼼꼼히 체크해서 전체 공정이 원활히 돌아가게끔 만드는 일에 커다란 보람을 느낀다고 했습니다. 똑같은 일이 준호 씨에게는 지루함을, 정민 씨에게는 안정감을 주는 것이죠.

사람에게는 누구나 고유한 기질과 자기다움이라는 잠재된 씨앗이 있습니다. 심리학자 칼 로저스는 이를 '실현화 경향성'이라고 말합니다. 사람은 누구나 타고난 그대로, 있는 그대로의 모습대로 살고자 하는 마음을 갖고 있다는 건데요, 관련된 일화가 하나 있습니다. 어느 날 로저스는 어두운 지하실 창고에 담아둔 감자 자루에서 싹이 트인 것을 보게 됩니다. 그는 그 어두운 곳에서도 싹을 틔우고 싶어서 작은 창으로 들어온 한 줄기 빛을 향해 고개를 내민 감자를 보고 감탄하며 이 같은 개념을 떠올렸다고 합니다. 그만큼 우리는 고유한 개체성과 개별성을 가지고 있고, 주어진 환경에서 잠재된 실현화 경향성에 대한 욕구가 항상 있다는 것이죠.

앞서 1장에서 행복의 조건에 대해서 이야기한 적이 있었는데요, 긍정 심리학에서는 행복의 정의를 타고난 '고정 요인'과 '삶의 상황' 그리고 '의지적 활동'의 총합이라고 말합니다.[¹¹¹] 고정 요인이란 유전적으로 정해진 개인의 특성을 가리키고, 삶의 상황은 나이, 성별, 교육 수준, 수입 등 외부적 요인을 일컫습니다. 그리고 마지막으로 의지적 활동이란 개인의 동기와 의지에 의한 자발적인 행동을 가리킵니다. 정리하면 다음과 같은 공식이 나오죠.

- 지속적인 행복Chronic Happiness = 고정 요인Set Point
  + 삶의 상황Circumstances + 의지적 활동Intentional Activity

이 가운데 개인의 고정 요인은 행복감의 50%를 차지합니다. 그리고 의지적 활동이 40%, 삶의 상황이 10%의 영향을 미친다고 하네요. 비록 유전적인 성향이 행복감을 느끼는 데 큰 영향을 미치지만, 다행히 의지적 활동이 40%를 차지한다는 것은 개인의 노력에 의해서 얼마든지 행복감을 높일 수 있음을 의미합니다.

어쨌거나 타고난 나 또는 있는 그대로의 나를 제대로 아는 것은 자기다운 삶을 살기 위해 매우 중요한 일이죠. 대표적인 것이 바로 성격 강점 테스트인데, 예를 들어 다음과 같은 질문에 답해볼 수 있습니다.

---

1) 많은 사람들이 있는 사교 모임에 참여하는 것을 좋아한다.

매우 그렇다 - 그렇다 - 보통이다 - 아니다 - 매우 아니다

2) 비현실적이지만 흥미로운 아이디어를 탐구하는 데에 종종 시간을 보낸다.

매우 그렇다 - 그렇다 - 보통이다 - 아니다 - 매우 아니다

3) 여행 계획을 세울 때 세부 일정을 짜기보다는 대략적으로 계획을 세운다.

매우 그렇다 - 그렇다 - 보통이다 - 아니다 - 매우 아니다

---

4) 대화가 끝난 후에 대화 내용을 곱씹는다.

매우 그렇다 - 그렇다 - 보통이다 - 아니다 - 매우 아니다

5) 친구가 슬퍼할 때 문제를 해결하기보다는 감정을 받아주려고 한다.

매우 그렇다 - 그렇다 - 보통이다 - 아니다 - 매우 아니다

좀 더 자세히 자신의 성향과 강점을 파악하고 싶은 사람들은 아래 대표적인 무료 검사 사이트 두 곳에서 테스트해볼 수 있습니다.

- https://www.viacharacter.org
  : 긍정 심리학 기반의 성격 강점 검사
- www.16personalities.com
  : 칼 융의 성격 유형을 기반으로 개발한 성격 유형 검사

평소에 하는 행동이나 성향을 통해 성격 강점을 파악하면, 어떤 활동을 해야 내 삶이 보다 만족스러워지는지를 파악하는 데 도움이 됩니다. 또한 성격 강점 검사는 나의 '대표 성격 강점signature character strength'을 파악하는 데 도움을 주는데요, 대

표 성격 강점은 타고난 재능과 달리 후천적으로 개발한 인성이나 성품을 가리킵니다.

검사 결과 1번부터 5번까지의 강점이 나의 대표 성격 강점이 되는데, 예를 들어 테스트 결과, ① 호기심, ② 희망, ③ 열정, ④ 친절함, ⑤ 정직함, ⑥ 영성, ⑦ 학구열, 이런 순서대로 결과가 나왔다면, ①번부터 ⑤번까지가 대표 성격 강점이라 할 수 있습니다. 앞서 준호 씨와 정민 씨가 각각 이 검사를 한다면, 그 결과가 확연히 달랐을 테죠. 자신의 강점을 기반으로 일상에서 실천할 때, 우리는 더 만족스럽고 행복한 삶을 꾸릴 수 있습니다.

행복한 삶과
의미 있는 삶

행복이란 감정은 자신이 원하는 것을 얻거나 만족감을 경험할 때 느끼는 감정입니다. 그래서 행복감은 일차적인 욕구나 욕망의 충족에서 올 수도 있고, 이차적인 부산물로 경험할 수도 있습니다. 여기서 한 가지 안타까운 것은 앞서 이야기한 것처럼, 과도한 인정 욕구가 결핍으로부터 시작된다는 점입니다. 그렇기 때문에 결핍된 욕구를 채워서 행복을 느끼고자 한다면, 채워도 채워도 끝이 나지 않죠. 나의 가치를 결정짓는 기준이 내게 있지 않고 남의 손에 달려있으니 불안해질 수밖에 없습니다."

자신에 대해 부정적인 핵심 신념을 가지고 있는 사람은 타인의 시선과 바람에 맞춰 살아가기 때문에, 남들이 부러워할 만한 좋은 집과 높은 연봉을 받는 직장을 가지고 있어도 절대 행복을 느끼지 못합니다. 외부의 인정을 통해 그 갈증이 잠시 해소될 수는 있어도, 절대로 끝나지 않죠. 예를 들어 똑같이 돈 버는 과정을 좋아하는 사람이라고 해도, 그 돈벌이의 목적이 결핍에서 비롯됐는지, 아니면 타고난 경향에 부합하는지에 따라 각각이 느끼는 행복감은 완전히 다를 수 있습니다.

그래서 중요한 것이 '의미나 목적이 있는 삶'입니다. 행복은 감정인 반면에, 의미나 목적은 개인의 가치에 따라 달라지죠. 의미 있는 삶 또는 목적 있는 삶이란 자신이 타고난 성향과 가치, 쉽게 말해서 자신이 좋아하는 것에 이끌리는 삶을 말합니다. 이런 의미나 목적은 물 흐르듯 자연스럽게 행복감을 가져다줍니다. 남들의 평가와 인정에 더 이상 연연하지 않게 되고, 내가 하는 일들이 나의 실현화 경향성에 부합되면서 만족을 느끼게 되죠.

심리 치료 이론 가운데 '수용 전념 치료acceptance and commitment therapy: ACT'라는 것이 있습니다. 만성적인 우울증이나 강박증을 가진 대상에게 효과적인 상담 방식으로, 과거의 깊은 상처나 고통에 매몰되는 대신 자기 삶의 분명한 목표와 의미 추구에 전념하도록 강조하는 방법입니다. 과거의 고통을 승화시켜 고통에 대한 의미를 부여하고, 남은 삶에 대한 분명한 목적과 목표를 가지는 태도를 강조하죠.

사실 대부분의 사람들은 분명한 삶의 가치관이나 목적의식 없이 막연하게 살아가는 경우가 많습니다. 그러다 보니 무료함이나 공허함을 덜기 위해서 자극적인 활동에 몰입하곤 하는데, 이러한 일탈은 일시적인 공허감을 덜어주는 진통제일 뿐, 지속적인 만족이나 행복을 주지는 못합니다. 외부적인 가치는 언제나 일시적이므로, 지속적인 행복과 만족을 얻기 위해서는 가치 기반의 삶에 초점을 두어야 합니다.

가치 기반의 삶에서는 내가 하는 모든 일이 놀이와 즐거움이 됩니다. 삶의 의미를 행복에 둔다면 행복한 감정은 늘 변화하기 마련이어서 영구적인 만족을 줄 수는 없죠. 반면 가치 기반의 삶이란 이미 말에서 드러난 것처럼, 자신의 정신적인 철학과 신념을 토대로 한 삶이기에, 행복에 삶의 의미를 두는 것보다 오히려 더 확실하게 행복한 삶을 누릴 수 있습니다.

회복하는 힘을
길러주는 것

회복 탄력성이라는 심리학 용어가 있습니다. 흔히 행복하려면 회복 탄력성이 높아야 한다고 말하는데요, 이는 쉽게 설명하면 고무줄이 늘어났다 다시 원래의 길이로 금방 돌아오는 것처럼, 힘든 일이 있다 할지라도 다시 회복할 수 있는 힘을 말합니다. 예를 들어 어떤 사람은 배우자와 이혼을 했어도 금방 마음을 추스르고 자기계발을 하거나 소중한 사람들과 시간을 보내는 등 삶을 풍요롭게 가꾸기 위해 애쓰죠. 하지만 어떤 사람은 고통에서 헤어 나오지 못하고 오랜 시간을 피폐한 상태로 보내며 힘들어합니다. 바로 이게 회복 탄력성의 차이라고 볼 수 있습니다.

그럼 회복 탄력성을 높이려면 어떻게 해야 할까요? 이때 필요한 게 바로 '의미 부여하기'입니다. 의미를 부여한다는 말이 막연하게 들릴 수 있는데, 이는 단순히 상황의 부정적인 일면만 보는 것이 아니라, 자신의 가치와 목적에 근거해 희망을 갖는 것을 말합니다.

예를 들어 직장에서 반복되는 고단한 일상이나 가정에서 아이를 돌보는 삶이 하루하루 힘들 수 있습니다. 그러나 직장에서 번 돈이 사랑하는 사람을 위해 쓰일 수 있다고 생각하거나, 아이를 돌보는 시간이 한 사람을 오롯이 세우는 특별하고 가치 있는 일이라고 의미를 부여하게 된다면, 같은 상황이라도 이전과 다르게 볼 수 있죠. '로고테라피'라고 불리는 의미 치료를 개발한 빅토르 프랑클Viktor Frankl은 나치의 유대인 수용소에서 부모와 아내를 잃었습니다. 그런 그가 지옥 같은 고통에서 살아남은 것은 끝까지 포기하지 않은 삶에 대한 희망 덕택이었죠.

혹시 자신이 학교를 늦게 들어갔거나, 결혼이 늦어지고 있거나, 취업이 생각대로 안 되는 등 남들보다 뒤처지고 나이에 비해 늦었다고 생각하고 있나요? 수많은 분들을 만나 이야기하면서 느낀 점은 우리 주변에서 이솝우화의 토끼와 거북이 경주의 실제 사례가 생각보다 많다는 사실입니다.

우승은 누가 봐도 앞서 나가는 토끼의 것으로 보이지만, 누구의 삶이 더 나은 삶인지는 결코 알 수 없죠. 학창 시절에 자신보다 형편없어 보이던 친구가 지금은 자신보다 더 잘 나가는 경우를 종종 볼 수 있습니다. 방심한 토끼는 딴짓을 하고, 목표를 향해 꾸준히 한 걸음씩 나아간 거북이가 정상의 깃발에 먼저 이르게 되죠. 너무 뻔히 아는 이야기라 식상할 수 있지만, 분명한 목표와 방향을 잡고 노력하는 것은 그만큼 중요합니다. 그리고 그렇게 분명한 목표와 방향을 잡을 수 있도록 좌절과 낙심 가운데에서 다시 일어서게 만드는 것이 의미 부여의 힘입니다.

사회적 지지망 :
결핍을 채우는 중요한 요소

결핍된 나를 채우고 행복에 한 걸음 더 다가서려면, 건강하고 안정된 관계를 맺는 경험이 무척 중요하다고 계속 강조해왔는데요, 그렇다면 지금 우리가 어떤 인간관계를 맺고 있는지 역시 점검할 필요가 있습니다.

요즘 우리는 오프라인에서 누군가를 만나 대화를 나누는 것보다는 SNS를 통해 나를 표현하는 데 익숙합니다. 짧은 글과 사진으로 취향과 관심사를 표현하기에 SNS만큼 간편한 방법도 없죠. 실제 SNS에 게시된 글과 사진을 분석한 연구자들은 사람들이 조금씩 다른 용도로 1개 이상의 SNS 플랫폼을 이용한다고 밝히고 있습니다.[13] 그리고 SNS의 수만큼 나를 표현할 수 있는 가상의 세계도 늘어나고 사회적 관계망도 더 늘어났습니다.

그런데 문제는 SNS 속에 진짜 나와 가짜 내가 섞여있다는 점입니다. 나의 전체가 아닌 '조각'만이 SNS에 보여지죠. 진솔한 면을 보여주면서 오프라인 관계를 위한 '가교'로써 사용할 때도 있지만, 때때로 꾸며진 나를 업로드하기도 합니다. 이런 '선별'과 '편집'은 온라인에서만 가능한 일종의 '치트키'[114]입니다. 오프라인 관계는 동시다발적으로 이어지고, 누군가 끼어들거나 예상치 못했던 문제가 생기는 등 변수가 무궁무진하기 때문에, 내가 바라는 모습만을 보여주기 힘들죠. 몇 주간 연습을 거듭한 발표도 그날의 컨디션에 따라 실수하기 십상이니까요.

그렇다면 고르고 편집한 나를 향한 관심과 인정에 기분이 좋아지는 것이 진짜 행복일까요? 연구에 의하면 SNS 관계가 사회적 지지의 일종으로 작용하고 외로움을 줄여주는 긍정적인 역할을 할 수 있다고 합니다.[115] 과도한 인정 욕구로 인해 과장된 자기 제시를 하더라도, 타인의 인정과 지지를 받으면 우울감이 줄어든다는 연구 결과도 있습니다.[116]

하지만 미화된 모습으로 칭찬받고 일시적으로 기분이 좋아지더라도, 과도한 인정 욕구에 대한 궁극적인 해결책은 되지 못합니다. 지나치게, 습관적으로 자신의 모습을 과장하여 '전시'하는 수준에 이르게 되면 행복과는 멀어질 수밖에 없죠. 온라인-오프라인 이미지의 괴리가 커질수록 우리는 점차 불행해집니다.

이렇게 온라인과 오프라인의 내 모습이 분리되고, 순간적이고 단편적인 인정에 목말라하는 우리에겐 건강한 사회적

지지망이 필요합니다. 즉, 우리는 친구든 선배든 가족이든 모임 사람들이든, 좋은 사람들과 진짜 현실에서 진실된 관계를 만들어갈 필요가 있습니다.

있는 그대로의 나를 지지해주는 건강한 사람들과 어울리는 사이에 자연스럽게 인정 욕구가 해소될 수 있고, 더 이상 타인의 기준과 평가에 자신을 맞추려 애쓰지 않아도 괜찮다는 사실을 알게 됩니다. 그만큼 행복이란 서로가 인정하고 수용하는 관계에서 찾아오는 것입니다.

타인의 사랑보다는
신뢰를

우리는 타인의 기대에 부합하기 위해 노력합니다. 그런데 이 노력이 거절에 대한 두려움이나 인정을 받지 못할까 봐 걱정하는 불안에서 오는지, 아니면 타인의 기대를 충족시키면서 타인의 즐거움을 나의 기쁨으로 하고자 하는 마음에서 오는지가 중요합니다.

인간은 관계적인 존재죠. 그렇기에 다른 사람의 기쁨이 되고자 하는 마음도 자연스럽게 일어날 수 있습니다. 내가 타자의 기쁨이 되고자 하는 동기가 나의 기쁨을 배가하고자 하는 마음이라면, 건강한 마음일 수 있습니다. 그러나 거절이나 비판을 당할까 두려워서 일어나는 마음이라면, 자신을 힘들게 하는 마음이라는 것을 알아차려야 합니다.

심리학자 칼 로저스는 우리에게 다음과 같은 질문을 던집니다. 이 질문들은 우리가 삶에서 취하는 행동이나 태도 그리고 불행을 어떻게 보고 있는지를 알기 위한 중요한 단서가 됩니다.

- 나의 가치를 정의하는 기준이 나일까? 아니면 환경 요인 혹은 타인일까?
- 내 삶의 운영 주체가 나일까? 아니면 타인일까?

만약 여전히 다른 사람과의 관계에서 중심을 잡기가 힘들다면, '타인에게 사랑을 받으려고 애쓰기보다는 신뢰를 받으려고 노력하라'는 말을 기억했으면 합니다. 사랑받으려고 애쓰면 남들의 눈치를 봐야 하고 삶은 위축되게 마련이죠. 하지만 신뢰를 받으려고 한다면 자신의 일관된 행동을 보이는 데 우선을 두게 되고, 남들의 눈치를 보기보다 스스로가 기준이 되어 '당당하고 자기다운 삶'을 살 수 있습니다.

더불어 중요한 것은 스스로의 모습을 있는 그대로 받아들이고 친절하게 대하는 것입니다. 어린 시절 성장하면서 가족이나 친구들에게 부정적인 말을 많이 들었다면, 어느 순간 그들이 한 말을 스스로에게 던지며 비난하고 있을지 모릅니다. '왜 이 정도 밖에 못해, 도대체 똑바로 하는 게 하나도 없어?'

타자가 한 말이 무의식적으로 내 마음에 자리 잡고 나에게 영향을 끼치는 것을 '내사'라 합니다. '투사'의 반대말이죠. 투사는 자신의 생각을 타인에게 전가하는 것이지만, 내사는 타인의 말을 나 자신에게 던지는 것을 말합니다.

사실 우리는 남들에게는 너그러우면서도 자신에게는 인색한 경우가 많습니다. 스스로에게 친절한 사람이 될 때, 비로소 외부의 인정에 얽매이지 않고 보다 자유로운 상태로 행복에 다가설 수 있음을 기억하길 바랍니다.

지금까지, 칭찬과 인정을 받고 싶은 욕구가 어떻게 우리 삶에 영향을 끼치는지 쭉 살펴봤습니다.

분명 남들에게 인정을 받고 싶은 마음은 타고난 인간의 본성입니다. 하지만 이 욕구가 과잉으로 치닫는 순간, 우리는 타인의 시선에 휘둘리게 되고 진짜 '나'를 잃어버리게 됩니다. 진짜 내가 사라진 상황에서, 일, 연애, 친구, 가족 등 내 삶을 둘러싼 인간관계 전반이 무너지는 건 당연한 수순이겠죠.

이제 내 안에 숨겨진 인정 욕구가 어떻게 나의 가치관과 정체성을 지배하고 있는지, 그리고 어떤 생각과 행동을 이끌어내고 있는지 이해했으면 합니다. 이를 통해 스스로를 가둔 프레임에서 벗어나 내 일상의 우선순위를 재조정하는 시간을 가지길 바랍니다.

epilogue

스스로를
인정할 때만
우리는
편안할 수 있다.

_마크 트웨인

자신의 모습을 있는 그대로 수용하는 것은 용기가 필요한 일입니다. 그러나 충분한 가치가 있는 일이죠. 가능하면 자신과 다른 사람들에게 '관대하게' 대하는 것이 좋은 결과를 낳을 때가 많습니다. 이 책을 읽는 분들이 지금껏 노력해온 자신을 격려하고 더 단단해지기를 응원합니다. Approach with positive thoughts!

여러 분들이 도움을 주셨습니다. 책의 기획에서 편집에 이르기까지 많은 수고를 해준 출판사 김순란 차장, 제 파트의 자료와 사례 부분을 도와준 연세대학교 심리학과 손하림, 김서영 선생, 그리고 함께 고민하고 귀한 경험을 나누어주신 공저자 이성직, 안하얀 교수님께 감사합니다. 변함없는 성원을 보내준 아내 임현우 교수님 고맙습니다. 끝으로, 당신 자신보다 저를 더 아껴주셨던 한없이 그리운 어머님께 이 책을 드립니다.

_이동귀

과거는 지나간 일이지만 우리가 경험한 수많은 과거의 자기는 현재의 자기와 공존하고 있습니다. '나'라는 존재는 태중에서부터 지금까지 경험한 총합이라 할 수 있습니다. 현재의 나를 이해하고 치유하는 첫걸음은 외부로 향한 나의 시선을 거두어 나를 보는 일입니다. 현재의 아픔에 대한 지적인 이해와, 동시에 우리가 마주하지 않았던 우리의 아픈 과거 자기를 목격하고 위로와 공감을 해주는 게 필요합니다. 이 책을 통해 독자들의 내면에 미해결된 과거 자기에 대한 성찰과 치유의 기회가 되길 기원합니다.

이 자리를 빌려 이동귀 교수님께 깊은 감사의 말씀을 드립니다. 전문가로서 성장하는 데 늘 격려와 지혜의 말씀을 주셨고, 이번 공저 작업은 저에게는 또 다른 경험의 지평을 넓히는 계기가 되었습니다. 함께 공저한 안하얀 교수님의 노력과 열정에도 감사드리며, 마지막으로 늘 자식 염려뿐인 부모님과 가족들의 지지와 사랑에 대해 머리 숙여 감사드립니다.

_이성직

매번 단정한 논문만 쓰던 제게, 촉촉함이 필요했던 이 작업은 녹록치 않았지만 꽤 흥미롭고 매력적인 일이기도 했습니다. 저는 주로 특별히 가깝고 친밀한 관계에서의 고민들을 풀어냈는데요, 저 역시 '나는 왜 이럴까, 저 사람은 왜 저럴까'를 많이 고민했던 시절, 제 마음에 쏘옥 들어와 저를 이해시켜주고 다독여주었던 성인 애착 이론을 보다 많은 분들에게 소개하게 되어 기쁜 마음입니다. 저도 그랬듯, 이 글을 읽는 누군가의 마음에도 따뜻한 치유의 선물이 되길 바랍니다.

　아직은 부족함이 많은 제게, 또 한걸음 내딛을 수 있도록 새로운 기회의 장을 열어주신 이동귀 교수님께 먼저 감사드립니다. 늘 북돋아주시고 격려를 아끼지 않으시는 이성직 교수님께도 감사드립니다. 이처럼 의미 있는 작업을 좋은 분들과 함께했던 것 자체가 행복이었습니다. 마지막으로 늘 든든하게 제 곁을 지켜주는 남편, 그리고 무한한 신뢰와 사랑으로 안정 애착이 무엇인지를 제 마음 깊이 새겨주고 떠나신 따사로운 할머니께 감사한 마음을 담아 이 책을 드립니다.

_안하얀

참고문헌

1   Emmons, R. A., & Diener, E. (1985). Personality correlates of subjective
     well-being. Personality and Social Psychology Bulletin, 11, 89-97.

2   이준웅, 송현주, 나은경, 김현석 (2008). 정서 단어 분류를 통한 정서의 구
     성 차원 및 위계적 범주에 관한 연구. 한국언론학보, 52, 85-116.

3   Garcia, D., Garas, A., & Schweitzer, F. (2012). Positive words carry less
     information than negative words. EPJ Data Science, 1, 1-12.

4   https://www.amazon.com/Power-Nunchi-Korean-Happiness-Success/
     dp/0143134469

5   Diener, E., Sandvik, E., Pavot, W., & Gallagher, D. (1991). Response
     artifacts in the measurement of subjective well-being. Social Indicators
     Research, 24, 35-56.

6   Livingstone, K. M., & Srivastava, S. (2012). Up-regulating positive
     emotions in everyday life: Strategies, individual differences, and
     associations with positive emotion and well-being. Journal of Research
     in Personality, 46, 504-516.

7   박수호, 이민정 (2013). 행복 요인으로서의 사회적 인정. 사회와 이론, 2,
     361-391.

8   Crowne, D. P., & Marlowe, D. (1964). The approval motive: Studies in
     evaluative dependence. New York: Wiley.

9   Hewitt, J., & Goldman, M. (1974). Self-esteem, need for approval,
     and reactions to personal evaluations. Journal of Experimental Social
     Psychology, 10, 201-210.

10   Rhoades, B. L., Greenberg, M. T., & Domitrovich, C. E. (2009). The

contribution of inhibitory control to preschoolers' social–emotional competence. Journal of Applied Developmental Psychology, 30, 310-320.

11   Markus, H., & Wurf, E. (1987). The dynamic self-concept: A social psychological perspective. Annual Review of Psychology, 38, 299-337.

12   https://www.20slab.org/archives/13394

13   Higgins, E. T. (1987). Self-discrepancy: a theory relating self and affect. Psychological Review, 94, 319-340.

14   Rogers, C. R. (1951). Client-centered therapy: Its current practice, implications and theory. Boston: Houghton Mifflin.

15   Park, L. E., & Crocker, J. (2008). Contingencies of self-worth and responses to negative interpersonal feedback. Self and Identity, 7, 184-203.

16   김민정, 이동귀 (2008). 대학생의 자존감과 심리적 부적응의 관계: 승인욕구의 중재효과. 한국심리학회지: 학교, 5, 289-304.

17   Richman, S. B., Pond Jr, R. S., Dewall, C. N., Kumashiro, M., Slotter, E. B., & Luchies, L. B. (2016). An unclear self leads to poor mental health: Self-concept confusion mediates the association of loneliness with depression. Journal of Social and Clinical Psychology, 35, 525-550.

18   Leary, M. R., & Allen, A. B. (2011). Self-presentational persona: Simultaneous management of multiple impressions. Journal of Personality and Social Psychology, 101, 1033-1049.

19   Chen, X., Rubin, K. H., & Li, Z. Y. (1995). Social functioning and adjustment in Chinese children: A longitudinal study. Developmental Psychology, 31, 531-539.

20   Atkinson, R. C. & Shiffrin, R. M. (1968). Human memory: A proposed system and its control processes. In K. W. Spence & J. T. Spence (Eds.), The psychology of learning and motivation: Advances in research and

theory (Vol. 2). New York: Academic Press,

21   Schneider, W. & Sodian, B. (1997). Memory strategy development: Lessons from longitudinal research. Developmental Review, 17, 442-461.

22   Rosenberg, M., Schooler, C., Schoenbach, C., & Rosenberg, F. (1995). Global self-esteem and specific self-esteem: Different concepts, different outcomes. American Sociological Review, 60. 141-156.

23   Schimmack, U. & Diener, E. (2003). Predictive validity of explicit and implicit self-esteem for subjective well-being. Journal of Research in Personality, 37, 100-106.

24   Pyszczynski, T., Greenberg, J., Solomon, S., Arndt, J., & Schimel, J. (2004). Why do people need self-esteem? A theoretical and empirical review. Psychological Bulletin, 130, 435-468.

25   Solomon, S., Greenberg, J., & Pyszczynski, T. (1991). A terror management theory of social behavior: The psychological functions of self-esteem and cultural worldviews. In M. P. Zanna (Ed.), Advances in experimental social psychology (Vol. 24, pp. 91–159). San Diego, CA: Academic Press.

26   Baldwin, M. W. & Wesley, R. (1996). Effects of existential anxiety and self-esteem on the perception of others. Basic and Applied Social Psychology, 18, 75-95.

27   Kernis, M. H. (2003). Toward a conceptualization of optimal self-esteem. Psychological Inquiry, 14, 1-26.

28   http://positivepsychology.org.uk/self-esteem-theory/

29   Jessen, K. R. (2004). Glial cells. The International Journal of Biochemistry & Cell Biology, 36, 1861-1867.

30   최상진, 김기범 (1999). 한국인의 Self의 특성: 서구의 self 개념과 대비를 중심으로. 한국심리학회지: 사회 및 성격, 13(2), 275-292.

31   Lent, R. W., Singley, D., Sheu, H. B., Gainor, K. A., Brenner, B. R., Treistman, D., & Ades, L. (2005). Social cognitive predictors of domain and life satisfaction: Exploring the theoretical precursors of subjective well-being. Journal of Counseling Psychology, 52, 429-442.

32   이동귀, 양난미, 박현주, 장석환 (2015). 한국 핵가족의 자존감과 행복 요인에 관한 개념도 연구. 인문학논총, 38(1), 195-229.

33   Collins, W. A., & Steinberg, L. (2006). Adolescent development in interpersonal context. In N. Eisenberg (Ed.), Handbook of child psychology: Social, emotional, and personality development (6th ed.). New York: John Wiley.

34   Campbell, J. D., Trapnell, P. D., Heine, S. J., Katz, I. M., Lavallee, L. F., & Lehman, D. R. (1996). Self-concept clarity: Measurement, personality correlates, and cultural boundaries. Journal of Personality and Social Psychology, 70, 141-156.

35   연합뉴스 (2020. 3. 4). 1인가구 비율 30%·사교육 참여율 73%…통계로 본 사회. https://www.yna.co.kr/view/AKR20200304064400017 17?input=1195m에서 2020. 4. 15 자료 얻음.

36   보그 코리아 (2018. 1. 29). 2018년엔 꼭 멀어져야 할 부류의 사람. http://www.vogue.co.kr/2018/01/29/에서 2020. 4. 16 자료 얻음.

37   Mosak, H. H. & Dreikurs, R. (1967). The life tasks III, the fifth life task. Individual Psychologist, 5, 16–22.

38   Badali, M. A. & Habra, M. E. (2003). Self-care for psychology students: Strategies for staying healthy & avoiding burn out. Psynopsis: Canada's Psychology Newspaper, 25, 14-16.

39   Darwall, S. (1998). Empathy, sympathy, care. Philosophical Studies: An International Journal for Philosophy in the Analytic Tradition, 89, 261-282.

40   Linehan, M. M. (1993). Cognitive-behavioral treatment of borderline personality disorder. New York, NY: Guilford press.

41   Linehan, M. M. (1997). Validation and psychotherapy. In A. Bohart & L. S. Greenberg (Eds.), Empathy reconsidered: New directions in Psychotherapy (pp. 353-392). Washington, DC: American Psychological Association.

42   박찬, 최훈석 (2013). 관계 친밀도에 따른 기대-일치 공감과 기대-불일치 공감의 효과. 한국심리학회지: 사회 및 성격, 27(2), 85-105.

43   김현주 (2005). 올바른 커뮤니케이션 문화를 위한 토론 프로그램의 역할과 과제. 스피치와 커뮤니케이션, 4, 57-83.

44   Simpson, J. A., Orina, M. M., & Ickes, W. (2003). When accuracy hurts, and when it helps: a test of the empathic accuracy model in marital interactions. Journal of Personality and Social Psychology, 85, 881-893.

45   Shaffer, D. (2002). Developmental psychology: Childhood and adolescence. CA: Wadsworth Thomson Learning

46   Rutter, D. R. & Durkin, K. (1987). Turn-taking in mother–infant interaction: An examination of vocalizations and gaze. Developmental Psychology, 23, 54-61.

47   Ninio, A. & Snow, C. E. (1996). Pragmatic development. Boulder, CO: Westview.

48   방소연, 최일선 (2015). 협동게임이 초등학교 저학년 아동의 또래관계와 공동체의식에 미치는 영향. 한국초등교육, 26(2), 337-354.

49   Rogers, C. R. (1951). Client-centered therapy: Its current practice, implications, and theory. Boston, MA: Houghton Mifflin.

50   개념 출처:https://www.discoveryacademy.com/dbt-skills-improve-your-relationships-and-maintain-your-self-respect/

51   Schelling, Thomas C. (1984) Choice and consequence: Perspectives of an errant economist. Cambridge, MA: Harvard University Press.

52   McClure, S. M., Laibson, D. I., Loewenstein, G., & Cohen, J. D.

(2004). Separate neural systems value immediate and delayed monetary rewards. Science, 306, 503-507.

53   Steinmetz, K. R. M., Addis, D. R., & Kensinger, E. A. (2010). The effect of arousal on the emotional memory network depends on valence. Neuroimage, 53, 318-324.

54   McLeod, S. A. (2018). Skinner – operant conditioning. Retrieved from https://www.simplypsychology.org/operant-conditioning.html

55   Honig W. K. & Staddon J. E. R. (1977) Handbook of operant Behavior. New York, NY: Prentice Hall.

56   Zaki, J. & Williams, W. C. (2013). Interpersonal emotion regulation. Emotion, 13, 803–810.

57   Leary, M. R. & Kowalski, R. M. (1995). The self-presentation model of social phobia. In R. G. Heimberg, M. R. Liebowitz, D. A. Hope & F. R. Schneier (Eds.), Social phobia: Diagnosis, assessment and treatment (pp. 94-112). New York: Guilford Press.

58   Cooper, J. O., Heron, T. E., & Heward, W. L. (1987). Applied behavior analysis. Columbus, OH: Merrill.

59   송기선 (2015). 20대의 SNS중독경향성과 불안정 성인애착, 외로움, 인정 욕구의 관계. 한국외국어대학교 석사학위논문.

60   Lerner, J. S., Small, D. A., & Loewenstein, G. (2004). Heart strings and purse strings: Carryover effects of emotions on economic decisions. Psychological Science, 15, 337-341.

61   Kahneman, D., Knetsch, J. L., & Thaler, R. H. (1990). Experimental tests of the endowment effect and the Coase theorem. Journal of Political Economy, 98, 1325-1348.

62   Lerner, J. S. & Tetlock, P. E. (1999). Accounting for the effects of accountability. Psychological Bulletin, 125, 255-275.

63   Hsee, C. K. (1996). The evaluability hypothesis: An explanation

for preference reversals between joint and separate evaluations of alternatives. Organizational Behavior and Human Decision Processes, 67(3), 247-257.

64 Danziger, S., Levav, J., & Avnaim-Pesso, L. (2011). Extraneous factors in judicial decisions. Proceedings of the National Academy of Sciences, 108, 6889-6892.

65 Fraley, R. C., Waller N. G., & Brennan, K. A. (2000). An item response theory analysis of self-report measures of adult attachment. Journal of Personality and Social Psychology, 78, 350-365.

66 Mikulincer, M., & Florian, V. (1998). The relationship between adult attachment styles and emotional and cognitive reactions to stressful events. In J. A. Simpson & W. S. Rholes (Eds.), Attachment theory and close relationships (pp. 143-165). New York: Guilford Press.

67 Shaver, P. R., & Mikulincer, M. (2002). Attachment-related psychodynamics. Attachment and Human Development, 4, 133-161.

68 Bartholomew, K., & Horowitz, L. M. (1991). Attachment styles among young adults: A test of a four-category model. Journal of Personality and Social Psychology, 61, 226-244.

69 Joiner, T. E., Metalsky, G., Katz, J., & Beach, S. (1999). Depression and excessive reassurance seeking. Psychological Inquiry, 10, 269-278.

70 Carnelley, K. B., Israel, S., & Brennan, K. A. (2007). The role of attachment in influencing reactions to manipulated feedback from romantic partners. European Journal of Social Psychology, 37, 968-986.

71 Brennan, K. A., & Bosson, J. K. (1998). Attachment-style differences in attitudes toward and reactions to feedback from romantic partners: An exploration of the relational bases of self-esteem. Personality and Social Psychology Bulletin, 24, 699-714.

72 Mikulincer, M., & Florian, V. (1998). The relationship between adult attachment styles and emotional and cognitive reactions to stressful

events. In J. A. Simpson & W. S. Rholes (Eds.), Attachment theory and close relationships (pp. 143-165). New York: Guilford Press.

73   안하얀, 서영석 (2010). 성인애착과 심리적 디스트레스, 대인관계문제: 피드백에 대한 반응, 정서적 대처, 사회적 지지 추구의 매개효과 검증. 한국심리학회지: 상담 및 심리치료, 22(3), 575-603.

74   Swann, W. B., Jr. (1990). To be adored or to be known: The interplay of self-enhancement and self-verification. In R. M. Sorrentino & E. T. Higgins (Eds.), Motivation and cognition (Vol. 2, pp. 33–66). New York: Guilford Press.

75   Fraley, R. C., & Shaver, P. R. (1998). Airport separations: A naturalistic study of adult attachment dynamics in separating couples. Journal of Personality and Social Psychology, 75, 1198–1212.

76   Collins, N. L., & Feeney, B. C. (2000). A safe haven: An attachment theory perspective on support seeking and caregiving in intimate relationships. Journal of Personality and Social Psychology, 78, 1053–1073.

77   Butler, J. C., Doherty, M. S., & Potter, R. M. (2007). Social antecedents and consequences of interpersonal rejection sensitivity. Personality and Individual Differences, 43, 1376-1385.

78   Rogers, C. (1974). Toward becoming a fully functioning person. Readings in Human Development: A Humanistic Approach, 33, 33-45.

79   Bowlby, J. (1980). Attachment and loss: Vol. 3. Loss, sadness and depression. New York: Basic Books.

80   Fraley, R. C., Waller N. G., & Brennan, K. A. (2000). An item response theory analysis of self-report measures of adult attachment. Journal of Personality and Social Psychology, 78, 350-365.

81   Brennan, K. A., & Bosson, J. K. (1998). Attachment-style differences in attitudes toward and reactions to feedback from romantic partners: An

exploration of the relational bases of self-esteem. Personality and Social Psychology Bulletin, 24, 699-714.

82   Skowron, E. A., & Friedlander, M. L. (1998). The differentiation of self inventory: Development and initial validation. Journal of Counseling Psychology, 45, 235–246.

83   Shaver, P. R., & Mikulincer, M. (2002). Attachment-related psychodynamics. Attachment and Human Development, 4, 133-161.

84   Shaver, P. R., & Mikulincer, M. (2002). Attachment-related psychodynamics. Attachment and Human Development, 4, 133-161.

85   Shaver, P. R., & Mikulincer, M. (2002). Attachment-related psychodynamics. Attachment and Human Development, 4, 133-161.

86   Bartholomew, K., & Horowitz, L. M. (1991). Attachment styles among young adults: A test of a four-category model. Journal of Personality and Social Psychology, 61, 226-244.

87   Griffin, D. W., & Bartholomew, K. (1994). Models of the self and other: Fundamental dimensions underlying measures of adult attachment. Journal of Personality and Social Psychology, 67, 430-445.

88   Spangler, G., & Grossmann, K. E. (1993). Biobehavioral organization in securely and insecurely attached infants. Child Development, 64, 1439-1450.

89   Ehrenthal, J. C., Friederich, H. C., & Schauenburg, H. (2011). Separation recall: Psychophysiological response patterns in an attachment-related short term stressor. Stress and Health, 27, 251-255. Rifkin-Graboi, A. (2008). Attachment status and salivary cortisol in a normal day and during simulated interpersonal stress in young men. Stress, 11, 210–224.

90   Mikulincer, M., & Florian, V. (1998). The relationship between adult attachment styles and emotional and cognitive reactions to stressful events. In J. A. Simpson & W. S. Rholes (Eds.), Attachment theory and

close relationships (pp. 143-165). New York: Guilford Press.

91   Kim, Y. (2005). Emotional and cognitive consequences of adult attachment: The mediating effect of the self. Personality and Individual Differences, 39, 913–923.

92   Bowlby, J. (1982). Attachment and loss: Vol. 1. Attachment (2nd ed.). New York: Basic Books. (Original work published 1969)

93   Mikulincer, M., & Shaver, P. R. (2016). A model of attachment-system functioning and dynamics in adulthood. In Mikulincer, M., & Shaver, P. R., Attachment in adulthood: Structure, dynamics, and change (pp. 27-46). New York: The Guilford Press.

94   Castonguay, L. G., & Hill, C. E. (2012). Transformation in psychotherapy: Corrective experiences across cognitive behavioral, humanistic, and psychodynamic approaches. Washington, DC, US: American Psychological Association.

95   Mikulincer, M., & Shaver, P. R. (2016). Attachment processes and couple functioning. In Mikulincer, M., & Shaver, P. R., Attachment in adulthood: structure, dynamics, and change (pp. 299-346). New York: The Guilford Press.

96   Main, M., Kaplan, N., & Cassidy, J. (1985). Security in infancy, childhood, and adulthood: A move to the level of representation. Monographs of the Society for Research in Child Development, 50, 66-104.
      Main, M., & Solomon, J. (1990). Procedures for identifying infants as disorganized/disoriented during the Ainsworth Strange Situation. In M. Greenberg, D. Cicchetti, & E. M. Cummings (Eds.), Attachment in the preschool years: Theory, research, and intervention (pp. 121-160). Chicago: University of Chicago Press.
      Main, M. (1995). Attachment: Overview, with implications for clinical work. In S. Goldberg, R. Muir, & J. Kerr (Eds.), Attachment theory: Social, developmental, and clinical perspectives (pp. 407-474). Hillsdale, NJ: Analytic Press.

97   Hesse, E. (1999). The adult attachment interview: Historical and current perspectives. In J. Cassidy & P. R. Shaver (Eds.), Handbook of attachment: Theory, research, and clinical applications (pp. 395-433). New York: Guilford Press.

98   Wallin, D. J. (2007). Attachment in psychotherapy. New York: Guilford press.

99   Gallese, V. (2001). "The shared manifold" hypothesis: From mirror neurons to empathy. Journal of Consciousness Studies, 8, 33-50.

100   Mikulincer, M., & Shaver, P. R. (2016). A model of attachment-system functioning and dynamics in adulthood. In Mikulincer, M., & Shaver, P. R., Attachment in adulthood: Structure, dynamics, and change (pp. 27-46). New York: The Guilford Press.

101   Simpson, J. A., & Rholes, W. S. (2002). Fearful-avoidance, disorganization, and multiple working models: Some directions for future theory and research. Attachment and Human Development, 4, 223–229.

102   Wallin, D. J. (2007). Attachment in psychotherapy. New York: Guilford press.

103   안하얀, 서영석 (2018). 성인 미혼 커플의 아동기 정서학대 경험과 관계적 응: 성인애착과 관계욕구충족의 매개효과. 한국심리학회지: 여성, 23(2), 195-221.

104   Mikulincer, M., & Shaver, P. R. (2016). A model of attachment-system functioning and dynamics in adulthood. In Mikulincer, M., & Shaver, P. R., Attachment in adulthood: Structure, dynamics, and change (pp. 27-46). New York: The Guilford Press.

105   Jurkovic, G. J. (1997). Lost Childhood: The plight of the parentified child. New York: Brunner/Mazel.

106   석미정, 박승민 (2019). 부모화된 (parentified) 20대 미혼여성의 삶에 대한 현상학적 연구. 한국심리학회지: 상담 및 심리치료, 31(4), 1023-1051.

107 Hewitt, P. L., & Flett, G. L. (1991). Dimensions of perfectionism in unipolar depression. Journal of Abnormal Psychology, 100, 98-101.

108 Chen, C., Hewitt, P. L., & Flett, G. L. (2017). Ethnic variations in other-oriented perfectionism's associations with depression and suicide behavior. Personality and Individual Differences, 104, 504-509.

109 Aknin, L. B., Mayraz, G., & Helliwell, J. F. (2017). The emotional consequences of donation opportunities. The Journal of Positive Psychology, 12, 169-177.

110 이종인 역 (2016). 그들은 왜 더 행복할까. 마일드스톤

111 Lyubomirsky, S., Sheldon, K. M., & Schkade, D. (2005). Pursuing happiness: The architecture of sustainable change. Review of General Psychology, 9, 111-131.

112 Lobel, T. E., Kashtan, O., & Winch, G. L. (1987). The relationship between defense mechanisms, trait anxiety and need for approval. Personality and Individual Differences, 8, 17-23.

113 Alhabash, S., & Ma, M. (2017). A tale of four platforms: Motivations and uses of Facebook, Twitter, Instagram, and Snapchat among college students?. Social Media and Society, 3, 1-13.

114 치트키(cheat key) 또는 치트 코드(cheat code)는 비디오 게임 진행 중에 더 이상 진행이 불가능할 때 일종의 속임수로 사용하는 방법 (출처: 위키백과).

115 Kim, J., LaRose, R., & Peng, W. (2009). Loneliness as the cause and the effect of problematic Internet use: The relationship between Internet use and psychological well-being. CyberPsychology & Behavior, 12, 451-455.

116 김연주, 강내원 (2019). SNS 상의 나의 모습은 삶의 행복을 주는가?: SNS 내 과시적 자기표현과 우울감. 광고학연구, 30(8), 199-219.

나 좀 칭찬해줄래?

1판 1쇄 발행	2020년 11월 16일
1판 2쇄 발행	2021년 1월 5일
지은이	이동귀 이성직 안하얀
발행인	정욱
편집인	황민호
본부장	박정훈
책임편집	김순란
마케팅	조안나 이유진 이나경
국제판권	이주은
제작	심상운
발행처	대원씨아이㈜
주소	서울특별시 용산구 한강대로15길 9-12
전화	(02)2071-2017
팩스	(02)749-2105
등록	제3-563호
등록일자	1992년 5월 11일
ISBN	979-11-362-5479-5 03180